커피 트레이닝
바리스타

커피 트레이닝 바리스타

초　판　1쇄　2008년 3월　1일
개정2판　1쇄　2011년 11월 30일
　　　　16쇄　2022년 9월 28일

지은이 · 최성일
펴낸이 · 조병호
펴낸곳 · 도서출판 **통독원**(땅에쓰신글씨)
등록일 · 1993.10.28. 제 21-503호

주소 · 서울시 강남구 선릉로 806
전화 · 02) 525-7794 / 팩스 · 02) 587-7794
홈페이지 · www.tongbooks.com

ISBN 978-89-85738-72-9 13590

＊ 가격은 뒤표지에있습니다.
＊ 파본은 바꿔 드립니다.

커피 트레이닝 바리스타

최성일

땅에쓴글씨

저자의 말

이 책은 많은 수업을 해오면서 교재용으로 제작했던 자료들을 묶어 만든 일종의 교재입니다. 약 10,000시간에 이르는 수업을 통해 얻어진 것들을 정리하고 수정하고 또 첨삭하면서 책으로 만들게 되었습니다.

인류 역사에 있어 음식과 음료는 비슷한 듯하면서도 수많은 다른 면을 보이고 있고, 음료 중에서도 와인과 커피는 많은 다른 점들을 가지고 있습니다. 헤아릴 수 없이 많은 사람들이 죽어가는 전장에서도 커피는 스스로 독립적이면서도 환경에 적응하는 능력을 통해 새로운 문명에서 자신의 입지를 굳혀가는 놀라운 면들을 보여주고 있습니다. 커피는 이 놀라운 능력이 자신이 가진 진실성에 바탕을 두고 변화해 왔다는 것을 알고 있을 것입니다. 커피의 탄생에서부터, 오늘날 수많은 품종으로 발전하기까지의 이야기, 그리고 알코올문화권과 녹차문화권을 넘어 경제적인 가치로 발전하기까지의 수많은 정보와 자료를 이 책에 모두 담기는 힘들었습니다. 하여 저는 좋은 커피를 통해 사람이 어떠한 이익을 얻을 수 있게 할 것인가를 생각하는 데에 이 책의 초점을 맞추었습니다.

좋은 커피가 자라는 환경과 가공방법, 로스트처리와 추출 그리고 마지막으로 좋은 커피하우스를 만들기 위해서 필요한 입지의 선정 등에 관한 내용으로 본문을 구성하였고, 부록에도 여러 자료를 실어 두었습니다. 하지만 아직도 정확히 판단하지 못하고 있는 것은 이 책이 학문적인 서적인지 아니면 실용서적인지 하는 부분입니다. 이 부분은 독자 여러분들이 명쾌히 해 주실 것으로 믿고,

　제가 생각하고 있는 것들을 책 속에 담습니다. 또한 자칫 제가 섣부르다고 생각하는 부분들에 대해서는 이 책에서 피함으로써 다음 책을 집필하시는 분들에게 부담이 되지 않도록 하였습니다.

　커피의 실용적인 면을 보여주기 위한 가장 유용한 방법은 동영상 자료들입니다. 저는 이 책의 주요한 부분들 중 동영상으로 설명이 가능한 부분에 대해서는 인터넷(www.coffeeplus.co.kr)을 통해 볼 수 있는 곳을 공개해 두었습니다. 따라서 책을 통해 이해하기 힘들었던 부분들은 온라인 동영상을 통해 학습함으로써 더욱 훌륭한 학습을 하실 수 있을 것으로 생각합니다. 제가 아는 한, 수업과 교재 그리고 온라인 동영상을 보여주는 시스템을 커피교육에 사용하는 강사는 제가 처음이라고 자부합니다. 좀 더 많은 분들이 훌륭한 커피가 어떤 것인가를 이해하는 데에 이 책이 도움이 되었으면 합니다.

　더불어 앞으로 계속 출판될 예정인 "커피 트레이닝-Roaster, Cupper, Shop Manager, 취미"편도 계속 사랑해 주시길 바랍니다. 기초적인 내용은 이 책 속에 모두 실었으나 구체적인 내용은 지면이나 과목의 특성을 고려하여 다른 책으로 편찬하는 것이 좋다는 의견에 따라 결정하였습니다.

　이 책을 쓰는 데 많은 도움을 주신 커피문화원의 정은경 원장을 비롯한 백미선, 박찬주, 김영식 선생님 그리고 트레이너 과정을 수료하신 분들과 도서출판 땅에쓰신글씨의 가족들, 해외에서 도움을 주신 SCAE, SCAA, FNC(Colombia), Coffee Council(El Salvador), SCAE에게도 감사를 드립니다. 특별히 늘 지혜주시는 주님께 감사드립니다.

이 교재는?

이 교재는 커피문화원에서 바리스타 트레이닝을 위해 만든 교재로,

커피 교육에 있어서는 최초의 온/오프 라인 복합 교재(Blended Learning)입니다.

교재 또는 수업시간을 통해 공부한 내용을 온라인을 통해

동영상, 사진 등의 실습자료를 보고 익힘으로써

빠르고 정확하게 수업을 이해할 수 있습니다.

또한 책으로 표현할 수 없는 추가적인 정보나 업데이트 정보를 빠르게

수강자에게 전달할 수 있는 신개념의 학습서적입니다.

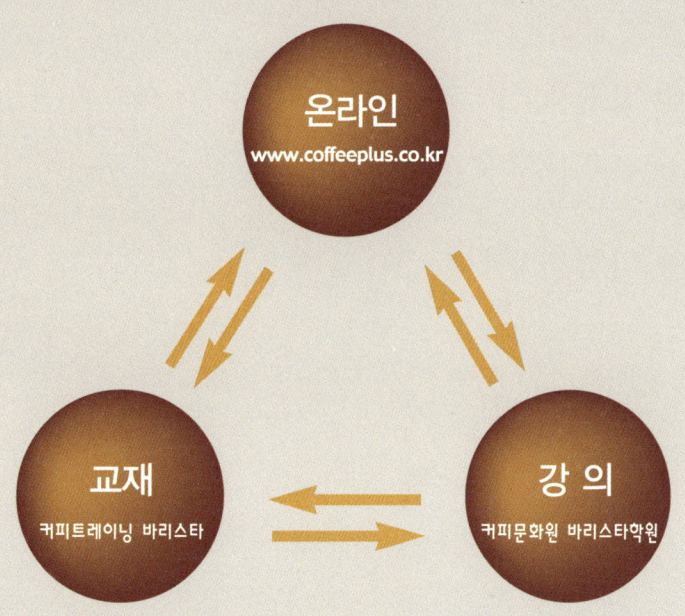

contents

저자의 말 · 4

1. 커피 개론 · 12

커피 간략사 | 한국의 커피산업 | 한국의 커피산업의 발전 | 향 커피, 인스턴트 커피 |
바리스타의 정의

2. 커피의 재배 · 24

커피나무의 서식 | 커피나무의 경작 | 커피체리 | 아라비카 vs. 로부스타 | 그린 커피,
피베리 & 트라이앵글러 | 주요 커피생산국의 수확시기 | 계통도 | 커피의 주요 품종 |
커피의 품종 | 커피의 수확 | 커피의 가공방식 | 건조 | 운송 | 생두의 보관

3. 커피를 맛없게 만드는 5가지 요인(5적) · 50

커피를 맛없게 만드는 5가지 요인

4. 커피를 맛있게 만드는 5가지 요인 · 54

커피를 맛있게 만드는 5가지 요인
Material | Mix(Blend) | Mill(Grinder) | Espresso Machine | Man

5. 에스프레소의 추출 · 68

Cup of Espresso | 에스프레소 추출 순서 | Influence to Extraction Time

6. 밀크 스티밍 · 76

밀크 스티밍 순서 | 스티밍의 온도변화 | 스팀드 밀크 다루기

7. 로스팅 · 84

로스팅이란? | 안전한 로스팅 | 로스터 | 커피 로스터 표준 가동법 | 그린 커피 vs. 로스티드 빈 | 디팩트 빈 골라내기 | 디팩트 빈의 등급분류 | 물리화학적 변화 | 생두와 로스팅된 커피의 화학적 조성 | 로스팅 단계 | 로스팅 그래프 | 로스팅 포인트 | 로스팅 방법 | 로스팅 단계의 결정

8. 블렌드 · 110

레귤러 정보 | 에스프레소 정보 | 블렌드의 기초 | 에스프레소 블렌드 | 레귤러 블렌드

9. 커핑 · 118

커핑 | SCAA 커핑 평가표 | Flavor Wheel | 커피 테이스터의 Flavor Wheel | 커피의 36가지 향

10. 라떼아트 · 132

라떼아트 스텝 1 | 라떼아트 스텝 2 | 라떼아트 스텝 3 | 라떼아트 스텝 4

contents

11. 다양한 커피추출 · 144
여러 가지 추출법

12. 커피하우스 창업 · 152
커피매장 창업을 위해 본인에게 던지는 질문 | 상권파악 시 참조해야 할 사항 | 상권 분석 후 개별 커피매장 확인사항 | 커피매장의 입지 | 커피매장의 기능 변화 | 커피매장의 형태별 장단점

13. 커피하우스 메뉴 · 166
기본 메뉴 | 아이스 음료 | 블렌디드 음료 | 생과일 주스

14. 커피하우스 메뉴관리 · 174
The Dining & Eating Market | Menu Engineering

부록 · 182
가맹 또는 점주가 종합소득세를 절세하는 방법 | 커피와 건강에 관한 연구 | 영국의 일간지 인디펜던스 지에 실린 건강하게 사는 30가지 방법 | 세계 커피학교에 관한 정리 | 커피인이라면 가봐야 할 인터넷 사이트

coffee trainning

Barista

01

커피 개론

커피 간략사

한국의 커피산업

한국의 커피산업의 발전

향 커피, 인스턴트 커피

바리스타의 정의

커피 간략사

　커피가 세계 각국으로 전파된 시기는 17세기를 전후한 제국주의 시대에 유럽 각국이 새로운 항로를 발견하고 식민지를 개척하면서 커피나무를 심기에 적합한 지역들을 발견한 때부터이다. 1670년경 프랑스 루이 14세는 커피를 아주 좋아해서, 해마다 네덜란드에서 왕실전용 커피를 수입하였다고 한다. 그리고 1713년 유트레히트 조약이 체결된 기념으로 암스테르담 시장은 루이 14세에게 네덜란드 식물원에서 재배된 커피묘목을 바치기도 하였다.

　커피나무가 아라비아에서 네덜란드에 오게 된 것은 인도 이슬람 승려인 '바바 부단' 때문이었다. 바바 부단은 성지 순례 차 아라비아에 왔다가 돌아갈 때 커피 종자 일곱 알을 몰래 숨겨 와서 자기 집 근처의 땅에 심었다. 수년 후 그 나무에서 빨간 열매가 맺혔고, 곧이어 인도 전체로 퍼져 나갔다.

　그 뒤 네덜란드인들이 인도의 말라바르와 실론 섬에서 소규모 커피농장을 경영하였는데, 이들이 인도산 커피묘목을 본국의 암스테르담 식물원에 보내게 된다. 이 인도산 커피묘목에서 열린 커피종자가 본국에서 재배한 나무보다 더 우수한 것을 안 네덜란드인들이 본격적으로 커피나무를 연구하기 시작한 결과, 오늘날 커피나무의 세계 종묘원의 원조격이 되었다.

　한편, 네덜란드에서 커피묘목을 받은 프랑스 루이 14세는 묘목을 왕실 식물원에 심게 하고, 왕궁의 식물학자를 관리자로 두었다. 그리고 프랑스령 식민지에 옮겨 심으라는 명령을 내리기까지 하였다. 그 첫 상륙지는 아프리카의 부르봉 섬이었다.

이곳에서 자란 나무가 후에 브라질 땅에 옮겨져 '부르봉 산토스' 라는 고급커피로 탄생하게 되었다.

프랑스, 네덜란드뿐만 아니라 영국, 포르투칼, 에스파냐 등 17~18세기에 제국주의 정책으로 식민지 쟁탈에 온 힘을 기울인 나라들은 모두 커피묘목을 이식하는 데 여념이 없었다. 그 결과로 아라비아의 아라비카 원종은 차츰 변하여 다양한 품종으로 발전되었다. 왜냐하면 한정된 지역에서 거의 같은 조건에서 자라는 식물과 토양이 다른 지역에서 자라는 식물은 다르기 때문이다. (커피 종류는 다음 파트에서 언급하고자 한다.) 그래서 커피원두의 맛은 산지별로 그 맛이 달라지게 된다.

커피 대량 소비국인 미국에서는 콜롬버스가 신대륙을 발견한 이래로 유럽인들이 신대륙인 미국으로 몰려오면서 커피의 역사가 시작되었다. 정확한 계기는 1767년 차(tea)에 세금을 부과한 타운젠트 법안이 통과하면서부터이다. 일본의 경우, 커피묘목이 소개된 것은 1878년이었고, 1888년에는 도쿄 우에노에 첫 커피점이 생겼다.

우리나라에서 최초로 커피를 접한 사람은 고종 황제로, 1895년 아관파천으로 러시아 공사관에 머물 때 커피를 마셨다. 그 후 독일인인 손탁 여사가 중구 정동에 커피점을 차린 것을 시작으로 개화기와 일제시대에는 명동과 충무로, 종로 등에 커피점이 자리 잡았다. 커피의 대중화는 한국전쟁 시기에 미군부대에서 유입된 커피를 통해 이루어졌다.

한국의 커피산업

- 한국의 연간 2조 원 시장규모
  - 10% : 스페셜티(Specialty) 커피시장
  - 90% : 인스턴트(Instant) 커피시장

- 세계적인 기준
  - 20% : 인스턴트(Instant) 커피시장
  - 80% : 스페셜티(Specialty) 커피시장

- 스페셜티 커피의 시장 점유율
  - 일본 : 2003년에 50%시장 점유
  - 한국 : 2012년에 30%시장 점유 예상

1만 불 이하 시대 - 식욕만 충족되면 만족
1만 불 시대 - 충분한 식사만 제공되면 만족
2만 불 시대 - 맛있는 것을 찾아다니는 시대
3만 불 시대 - 맞춤형 미식의 시대
               쉐프(Chef)가 오너(Owner)인 시대

한국의 커피산업의 발전

한국의 커피산업은 주로 인스턴트 커피를 위주로 발전해왔다. 이러한 상황 속에서 한국의 원두커피는 일본 커피산업의 바탕 위에 한국적인 추출이 더해지면서 발전했다. 특히 원두커피의 명맥을 유지하며 한국의 커피산업의 바탕을 이루어 온 많은 선배님들이 계신데, 그 중 1990년대 이전부터 보헤미안의 박이추, 커피명가의 안명규, 우리커피연구회의 이정기, 허영만과 로스터의 1세대를 이어온 에쏘의 한창환, 태환자동화산업 등이 대표적으로 원두의 제1세대라 일컬어질 것이다. 1990년대 말부터 커피의 2세대라고 할 수 있는 젊은 층이 에스프레소를 바탕으로 한국 커피산업의 폭발적인 성장을 이룩하게 된다. 이러한 사회문화적인 성장에 힘입어 2004년부터는 대학에서 커피를 가르치는 학과목이 생겨나게 되었고, 한국은 커피산업에 있어 교육과 산업의 공동성장을 이루어내게 되었다. 이처럼 대학에서 커피를 전공한 학생들이 사회에 진출하면서 커피업은 대한민국에서 가장 성장가능성이 높은 서비스업으로 자리 매김을 하게 된다. 이러한 성장을 먼저 2004년부터의 매출액과 점포수를 통해 분석해보자.

에스프레소 커피업계 연도별 매출액 및 점포수

(2010 유통업체 연감)

브랜드명	업체명	매출액(억 원)						점포수(개)					
		2004	2005	2006	2007	2008	2009	2004	2005	2006	2007	2008	2009
스타벅스(주)	스타벅스커피코리아	721	923	1,094	1,344	1,710	1,904	109	144	188	233	282	316
커피빈	(주)커피빈코리아	181	321	492	679	918	1,220	34	43	81	110	150	190
파스쿠찌	(주)파리크라상	128		250				14	22	29	41	44	46
엔제리너스	(주)롯데리아	94	130	172	330	650	860	21	28	37	91	148	234
할리스	(주)할리스F&B				155	225		39	56	89	130	183	225
탐앤탐스	(주)탐앤탐스				129	197					71	111	164
까페베네	(주)까페베네					24	105					171	105
	합계	1,124	1,374	2,008	2,637	3,724	4,089	217	293	424	676	935	1,280

이 도표는 대표적인 커피판매점의 매출액과 점포수를 통해 에스프레소 시장의 성장을 알아볼 수 있도록 하고 있다. 이 조사에 따르면 조사 업체 매출액은 2004년에 비해 2009년에 363% 성장했으며, 점포수는 2004년에 비해 2009년에 590%가 성장했다. 우리나라를 커피공화국이라고 할 정도로 기존 커피업체 간 경쟁이 치열한 가운데 타 업계의 커피시장 참여로 경쟁은 더욱 치열해지

고 있다. 커피업체들은 커피 외에도 베이커리, 아이스크림 등 사이드 메뉴 개발을 통하여 마케팅 전략을 높이는 상황이다. 2005년 스타벅스와 동서식품이 공동으로 RTD(Ready TO Drink) 제품을 편의점과 소매점에 출시하는 영업전략을 펼친 이후 많은 커피 전문점들이 이 시장에 뛰어들고 있다. 스타벅스를 비롯한 브랜드 커피업체들은 지속적으로 점포수를 늘리면서 매출도 신장하고 있는 추세인 것을 표를 보면 알 수 있다.

2000년에 103,436,367달러이던 원재료 수입금액이 2001년에는 63,549,982달러, 2002년에는 61,142,037달러, 2003년에는 69,076,818달러, 2004년에는 83,443,483달러, 2005년에는 126,861,549달러, 2006년에는 143,681,621달러, 2007년에는 174,294,755달러, 2008년에는 248,731,116달러, 2009년에는 230,593,345달러로 성장하여, 2000년부터 2009년까지 9년간 전체 223%가 성장했고, 매년 약 24.8%씩 성장했다. 같은 시기 한국의 경제성장률이 43.4% 성장한 것을 감안하면 커피산업은 실로 놀라운 고도성장을 보이고 있음을 알 수 있다.

연도별 GreenCoffee수입량과 금액

연 도	GC금액($)	GC중량(kg)	kg당 금액	금액증가율	무게증가율
2000	103,436,367	73,972,378	1.4		
2001	63,549,982	73,515,788	0.86	-38.6	-0.6
2002	61,142,037	78,211,502	0.78	-3.8	6.4
2003	69,076,818	73,451,253	0.94	13	-6.1
2004	83,443,48	80,426,659	1.04	20.8	9.5
2005	126,861,549	82,482,401	1.54	52	2.6
2006	143,681,621	83,990,382	1.71	13.3	1.8
2007	174,294,755	83,596,823	2.08	21.3	-0.5
2008	248,731,116	97,039,165	2.56	42.7	16.1
2009	230,593,345	96,044,197	2.4	-7.3	-1

커피산업의 성장을 무역통계에서만 찾아볼 수 있는 것은 아니다. 한국커피교육협의회에서 시행하고 있는 바리스타 시험 응시생의 변화 추이를 통해서도 사회문화적인 성장을 살펴볼 수 있다. 2005년 12월에 시작된 이 시험은 매년 4회씩 시행되고 있다.

이러한 응시생의 증가 추세는 커피의 문화적 확대를 뜻하는 것으로, 위의 자료가 원재료의 시장 성장력에 대한 평가라면, 아래는 문화 성장력에 대한 평가로 해석할 수 있을 것이다. 시험을 시행한 지 겨우 5년여 만에 10회 필기응시생의 수는 7,180명으로 1회 필기응시생에 비해 약 36배 증가한 것은 문화적 잠재력이 폭발적인 성장을 하고 있음을 증명한다.

한국커피교육협의회 주관 바리스타 2급 인증 응시생 변화 추이

(단위 : 명)

연도	회차	필기접수	필기응시	필기합격자	실기접수	결시	실기응시	실기/최종합격자	합격율 (접수인원기준)	필기+실기 접수인원합계	연도별 접수인원합계
2005	1회	198			140			114	81.43%	338	338
2006	2회	580			460			386	83.91%	1,040	2,564
	3회	937			587			552	94.04%	1,524	
2007	4회	1,390		947	917			845	92.15%	2,307	5,556
	5회	1,789		1,388	1,460			1,235	84.59%	3,249	
2008	6회	2,951	2,832	2,140	2,031	49	1,982	1,756	86.46%	4,982	10,637
	7회	3,257	3,025	2,383	2,398	35	2,363	2,177	90.78%	5,655	
2009	8회	4,504	4,228	3,431	3,325	144	3,181	2,569	77.26%	7,829	19,245
	9회	6,298	6,177	4,941	5,118	116	5,002	4,062	79.37%	11,416	
2010	10회	4,076	3,882	2,958	2,746	50	2,696	2,231	81.25%	6,822	
	11회	3,943	3,589	2,916	2,673	83	2,590	2,011	75.23%	6,616	
	12-1회	5,189	4,774	3,397	2,053	43	2,010	1,608	78.32%		
	12-2회				1,612	39	1,573	1,148	71.22%		
	13-1회	7,180	6,625	4,464	3,784	116	3,668	2,848	75.26%		
	13-2회										
합계		42,292			29,304			23,542	80.34%	71,596	

향 커피, 인스턴트 커피

1. 향 커피 (Flavored Coffee)

향 커피 = 원두 + 향
- 1년이 지나 커피 본래의 향이 소실되거나 향이 약한 저급원두 사용.
- 일반원두로 유통되다가 유효기간이 지나면 공장으로 들어와 향이 입혀져 향 커피로 출고되거나 강제로 커피 향을 탈취함.
- 미국 FDA에서는 인공 향이 원두와 접촉되면서 화학적 변화를 일으킬 수 있다는 이유로 승인을 미루고 있음.
- 향 커피는 인스턴트 커피 가격의 1/3 정도로 맛과 향을 내는 대용커피임.

대표적인 향 커피 : 헤이즐넛, 아이리쉬, 피넛버터 등

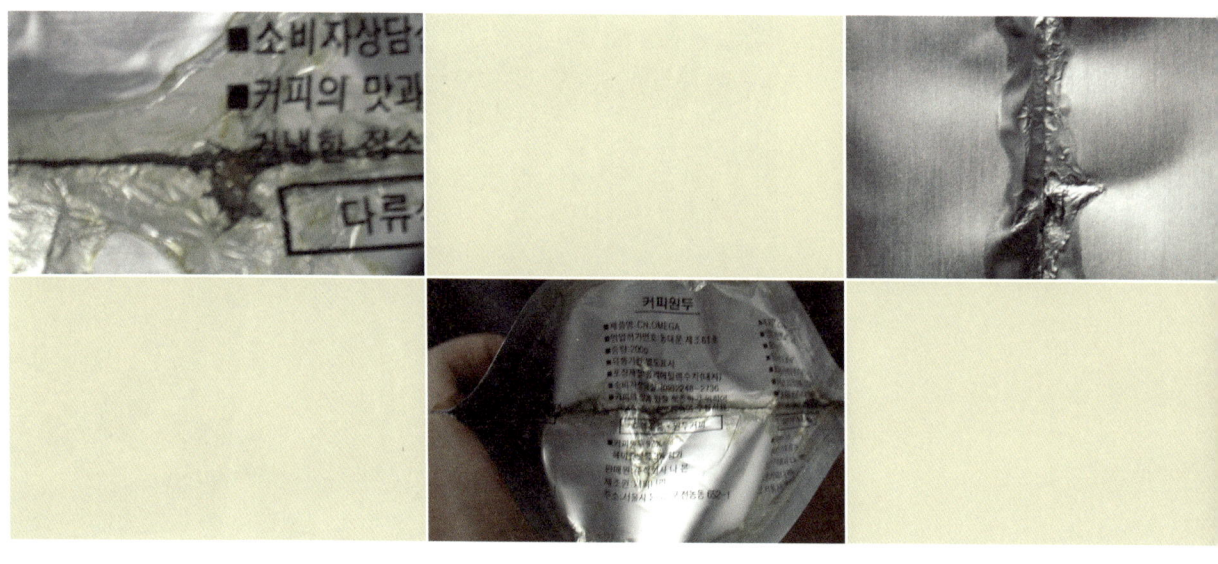

2. 인스턴트 커피 (Instant Coffee)

- 즉시 가공하여 마실 수 있도록 제조된 커피.
- 2차 세계대전 때 군인들이 커피를 쉽게 마실 수 있도록 고안됨.
- 대한민국에는 한국전쟁 중 미군에 의해 전파됨.
- 1901년 미국의 보든에 의하여 최초로 제조·시판됨.

원료인 커피나무 열매의 씨를 볶아서 냉각, 분쇄한 다음, 증기 또는 열탕을 통과시켜 추출액을 받아 다시 원심분리기에 걸어 입자를 제거하고, 열풍 속에서 건조시켜 만든다. 건조과정에서 풍미가 떨어지므로 동결건조나 열을 가하지 않는 건조법도 시도된다.

대표적인 브랜드 : 맥스웰, 플저스, 네스카페 등

바리스타의 정의

'바리스타'는 이탈리아 어원에 따르면 '바(Bar) 안에 있는 사람'이라는 뜻이다. 즉, 바리스타는 바 내부에서 커피를 추출하는 사람이라는 협의(狹義)의 해석을 할 수 있다. 그러나 바리스타는 국내외적으로 바에서 커피를 추출하는 사람일 뿐만 아니라 커피매장의 관리, 제공되는 커피의 품질관리, 고객관리, 매출관리, 마케팅관리, 스탭관리 등 매장 전반을 책임지는 매니저로 인식되고 있다. 결국, 바리스타는 완벽한 에스프레소를 추출하고 제조하는 능력을 소유한 사람일 뿐만 아니라 여기에 서비스와 관리소양이 갖춰진 사람이어야 한다. 따라서 바리스타는 완벽한 에스프레소를 추출하기 위한 좋은 원두의 선택, 커피머신의 완벽한 활용, 고객의 입맛에 최대한의 만족을 주기 위한 손 터치 그리고 커피머신의 운영, 어떻게 커피머신의 성능을 유지시킬 것인지를 알아야 하며 훌륭한 인간관계를 형성하고 고객과의 유대감을 지속하며 증진시킬 수 있는 능력을 소유해야만 한다.

따라서 이 모든 능력을 소유한 사람만이 진정한 바리스타라 칭송 받을 수 있을 것이다. 당연히 어렵고 힘든 길이 될 것이며, 상당한 시간과 노력을 투자해야만 훌륭한 바리스타로 성장할 수 있을 것이다.

이 교재 역시 이 두 가지 능력을 겸비한 사람을 육성하는 데 목표를 두고 있다.

- 협의의 바리스타 = 좋은 커피를 생산하는 기술(Skill)을 가진 사람
- 광의의 바리스타 = 기술(Skill) + 관리(Management) + 조화(Harmony)의 능력을 갖춘 사람

커피의 재배

커피나무의 서식

커피나무의 경작

커피체리

아라비카 vs. 로부스타

그린 커피, 피베리 & 트라이앵글러

주요 커피생산국의 수확시기

계통도

커피의 주요 품종

커피의 품종

커피의 수확

커피의 가공방식

건조

운송

생두의 보관

커피나무의 서식

커피나무는 온도와 강우량만 적당하면 쉽게 자라는 특성이 있다. 야생에서는 10m까지 자라며, 짙은 녹색에 광택이 있는 길이 6~12cm, 폭 4~8cm의 나뭇잎과 흰색의 꽃을 피운다. 열매의 크기는 지름 10~15mm 정도이고 대부분 붉은색이다. 보통 아라비카(Arabica) 종은 해발 1000~1500m의 고산지내, 연중평균기온 20℃, 강우량 1500~2000mm 정도가 알맞은 서식조건이다.[1] 한 그루의 커피나무에서 1년 동안 평균 500g 정도의 커피를 수확할 수 있으며, 아라비카(Coffea Arabica)와 카네포라(Coffea Canephora) 두 종이 전체의 90% 이상 재배되고 있다. 아라비카 종은 에티오피아, 카네포라 종은 콩고가 원산지이다. 이 두 종 외에도 리베리카(Coffea Liberica) 종이 있으나 맛과 향뿐만 아니라 생산성도 떨어져 거의 재배되지 않고 있다.

커피나무가 자라는 곳은 대부분 고산지대이며 경사가 급한 곳이 많다. 커피나무는 물빠짐이 좋은 토양을 좋아하며, 물을 자주 공급해주는 것을 좋아한다. 그러나 30°가 넘는 경사진 고산지대에서 비가 아닌 물을 공급해 주기는 쉽지 않다, 이를 해결하기 위해 곳곳에 일종의 해자를 설치하여 가능한 많은 물을 저장해두었다가 가뭄 때에 사용한다.

산속의 해자

---

[1] 커피나무는 적도를 중심으로 한 남북회귀선(남위 25도, 북위 25도) 사이에서 주로 재배된다. 이 모양이 띠모양을 이루고 있다고 하여 일명 커피벨트(Coffee Belt)라고 부른다.

아라비카 >> 해발 800~2,500m (2,400ft~8,000ft)

로부스타 >> 해발 800m 이하 (Under 2,400ft)

커피나무의 경작

1. 씨앗의 파종

커피는 파치먼트(Parchment) 상태로 모판에 심어진다. 모판에 심을 때 지역에 따라 그리고 재배농법에 따라 약간씩 다르게 심어지는데 콜롬비아의 경우는 일정한 모판을 만들어 두고 대량의 파치먼트에 커피를 뿌리고 1.5~2cm 정도의 두께로 흙을 덮어준다. 그러나 유기농커피의 경우는 파치먼트 상태에서부터 하나씩 모판을 부여해 씨앗을 파종한다. 약 40~60여 일이 지나면 파치먼트를 그대로 감싼 채 땅을 뚫고 묘목이 올라오며 약 20여 일 지나면 파치먼트를 뚫고 쌍떡잎을 보이게 된다. 이때 파치먼트는 매우 튼튼한 상태이므로 물을 자주 뿌려 파치먼트가 물에 젖어 떡잎이 쉽게 나오도록 도와주는 것이 좋다. 만약 건조한 상태로 두게 되면 발아율이 떨어지게 된다. 쌍떡잎 이후 첫잎과 두잎이 나오면 커피묘목은 하나의 묘목봉지로 옮겨 심어지게 되고 이후 농장에 이식될 수 있는 크기인 30cm 정도로 자랄 때까지 우리나라의 인삼밭과 같은 곳인 묘포지(Nursery)에서 자라게 된다.

1 떡잎
2 발아
3 생장

2. 커피나무의 이식과 비료

커피나무는 평지를 제외하고는 포도나무처럼 규칙적으로 심어지지 않는다. 일반적으로 기계수확이 가능한 지역은 한국 녹차밭의 이랑과 같이 커피나무도 일자로 길게 심어지게 된다. 이랑의 형태로 심어지는 경우에는 관리와 수확이 용이하다는 장점이 있지만 평지여야 한다는 단점과 함께 재배에 따른 공간이 넓게 확보되어야 한다는 점과 그늘 경작(Shade Grown)을 하기 힘들다는 단점이 있다. 그늘 경작을 해야 하는 기후를 가진 지역의 경우에는 바나나 나무 등을 3이랑 또는 4이랑의 간격을 두고 심게 된다. 그러나 평지가 아닌 중남미의 대부분 지역은 경사도가 40°가 넘는 곳에도 커피나무를 심게 되는데 대부분 약 1m의 간격을 두고 지그재그 형태로 심게 된다. 일반적으로 커피를 재배하는 생산국에서는 대부분 커피체리를 발효시켜 만든 퇴비와 동물의 배설물 그리고 석회를 배합해 만든 비료를 사용하고 있다.

화산토양은 지표는 영양이 풍부하지만 토양을 20cm이상만 제거하고 나면 식물이 뿌리내릴 수 없는 척박한 토양을 유지하고 있어 비료의 사용이 필수적이라 할 수 있다. 특히, 과테말라를 비롯한 카리브해 연안에 위치한 생산국들의 경우에는 거의 모든 토양이 화산재로 만들어진 토양이며, 재배고도 역시 500m이상인데, 재배고도가 올라갈수록 토양이 척박하다. 그러나 토양이 척박하다는 것은 과실수를 재배하는 데 있어 매우 중요한 부분이다. 왜냐하면 척박한 토양의 과실수는 비

1 묘포지 내의 묘목
2 비료 만들기
3 관리가 안 된 농장 (관계시설이 없어 한 농장의 커피나무들이라도 상태가 다르다.)

록 과일의 열매량은 적지만 매우 좋은 맛과 향을 가지게 되기 때문이다. 반면, 과실수는 기온이 적당하고 토양이 비옥하면 성장에만 전념하게 되어 열매의 맛과 향이 떨어지게 된다. 이 점은 커피나 포도 역시 마찬가지인데 나무의 뿌리를 내릴 수 있는 토양이 얕아 높이 성장하기에 적합하지 않은 경우에는 나무가 열매를 만드는 데 노력을 기울이게 되어 맛과 향이 좋은 열매를 얻을 수 있다. 커피나무 역시 고산지대이면서 화산재토양이며 그늘 경작으로 재배한 커피일수록 좋은 맛과 향을 가지게 되는 것은 나무의 성장제한에 의한 요인과 밀접한 관련이 있다.

아래 4번과 5번의 그림은 비옥도에서 차이를 보이고 있는데, 4번의 커피나무는 비옥한 토양에서 자란 것으로 잎과 나무상태가 아주 훌륭하다. 반면 5번의 커피나무는 잎이 떨어지고 상태가 좋아 보이지 않는다. 하지만 'Cup of Excellence'에서 5번의 지역은 늘 좋은 성적을 내고 있다.

4 비료가 투입된 커피
5 비료가 투입되지 않은 커피

3. 나무의 성장제한

커피나무는 하늘을 향해 곧게 자라려는 성질이 강한 나무이다. 특히, 현대에 들어 그늘 경작 재배법을 통해 커피나무 경작시 일조량을 조절하는 경우에는 더욱 이러한 성질이 강해지면서 2m이상으로 훌쩍 성장하게 되어 수확하는 데 어려움을 주게 된다. 커피생산지에서는 이러한 어려움을 극복하기 위해 커피나무가 2m이상 자라면 수확이 끝난 시기를 이용해 톱으로 가지를 제거한다. 커피벨트 지역은 1년 내내 커피나무가 계속 성장하는 기후조건을 가지고 있어 제거된 가지의 바로 옆쪽으로 새로운 가지가 다시 돋아나고 성장하여 열매를 맺게 만드는 재배방법을 사용한다. 그러나 이 방법은 가지가 정상적으로 성장하는 데까지 커피수확량이 떨어지게 되는 단점이 있다.

또 다른 방법으로 성장을 제한하고 수확량을 증가시키면서 수확을 용이하게 하는 방법은 커피나무의 가지를 옆으로 누워있도록 2~3가지를 땅 쪽으로 당겨 묶어 두는 방법이다. 이 방법 역시 커피나무가 곧게 자라려는 성질을 이용한 방법으로 커피나무의 가지가 지면과 수평을 이루어 눕게 되면 그 가지에서 새로운 가지가 돋아나면서 새로운 가지가 하늘을 향해 자라게 하는 방법이다.

중남미의 커피산지는 브라질을 제외하고는 평지가 없는 급경사지이다. 따라서 너무 높게 자라면 수확하는 데 어려울 뿐만 아니라 경사지에서 미끄러지는 위험까지 존재하게 되므로 이러한 방법을 이용해 수확을 용이하게 하고 있다.

커피체리

프리미엄 로부스타(Premium Robusta)

아라비카 버본(Arabica Bourbon)

커피체리의 성장

1 개화 직전 2 개화 3 초록 체리 4 익어가는 체리 5 붉은 체리 6 노란 체리 7 그늘진 곳은 꽃이 떨어지지 않고 익기도 한다.

아라비카 vs. 로부스타

항목별 기준	아라비카(Arabica)	로부스타(Robusta)
종(種)으로 기술된 때	1753년	1895년
염색체	44개	22개
원산지	에티오피아	아프리카 콩고
개화~결실까지 기간	9개월	10~11개월
개화	우기 후	불규칙
생산량	1500~3000kg/ha	2300~4000kg/ha
뿌리	깊게 내림	얕게 내림
연평균 최적 성장온도	15~24℃	24~30℃
최적 강우량	1500~2000mm	2000~3000mm
최적 성장고도	해발 1000~2000m	해발 0~700m
잎병(Hemileia Vastatrix)	영향받기 쉽다.	저항성 있다.
곰팡이병(Koleroga)	영향받기 쉽다.	내성이 있다.
기생 원추벌레(Nematodes)	영향받기 쉽다.	저항성 있다.
커피열매병	영향받기 쉽다.	저항성 있다.
열매당 당분 함량	8%	5%
열매당 카페인 함량	0.8~1.5%	1.7~3.5%
열매 모양	납작하고 길며 표면에 파진 홈이 굽어 있고 붉은 색	볼록하고 둥글며 홈이 곧고 갈색이나 회색빛이 도는 푸른색
용도	Single, Blend	Blend, Instant Coffee
추출 시 특성	풍부한 맛과 섬세한 향	거칠고 쓰며, 바디가 강하다
섬유질	평균 1.2%	평균 2.0%
생산량	70~80%	20~30%
주요 생산국	콜롬비아, 엘살바도르, 케냐, 탄자니아, 에티오피아, 멕시코, 브라질, 짐바브웨, 코스타리카, 온두라스, 과테말라, 자마이카, 파나마, 예멘 등	콩고, 베트남, 우간다, 인도네시아, 필리핀, 가나, 앙고라, 나이지리아 등

그린 커피,
피베리 & 트라이앵글러

1. 가장 기본적인 체리 상태로 하나의 커피체리 안에 두 개의 그린 커피(Green Coffee)가 들어있는 형태이다.

2. 피베리(Peaberry)[2]는 두 개의 그린 커피 중 하나만이 발달하고 하나는 자연도퇴 된 것이다. 발달한 하나의 그린 커피가 영양분을 모두 받아들여 맛과 향이 기본형태의 커피에 비해 뛰어나다는 평가를 받는다. 주로 가지의 끝에 생겨나며 체리 상태에서도 자세히 살펴보면 피베리인지 아닌지 확인이 가능한 경우가 많다.

2) 피베리는 칼리콜리(Caricoli)라고도 불리며 달팽이 모양이라는 뜻이다.

3. 트라이앵글러(Triangler)는 피베리와 같이 기형두에 속하여 맛과 향에서 떨어지는 편이지만 디펙트 빈(Defects Bean)으로 분류되지는 않는다. 3개뿐 아니라 델타, 펜타에 7개까지 나뉜 빈이 발견되었다는 기록이 있다. 하지만 맛과 향에서 가치가 없다면 마시는 커피로서 의미가 없다. 로스팅을 하였을 때 다른 빈에 특별히 영향을 끼치지 않을 만큼 크기가 크고 모양이 고르다면 보통의 경우 따로 분류하지 않고 일반적인 그린커피와 함께 로스팅하기도 한다.

주요 커피생산국의 수확시기

(자료 : Coffee Holding)

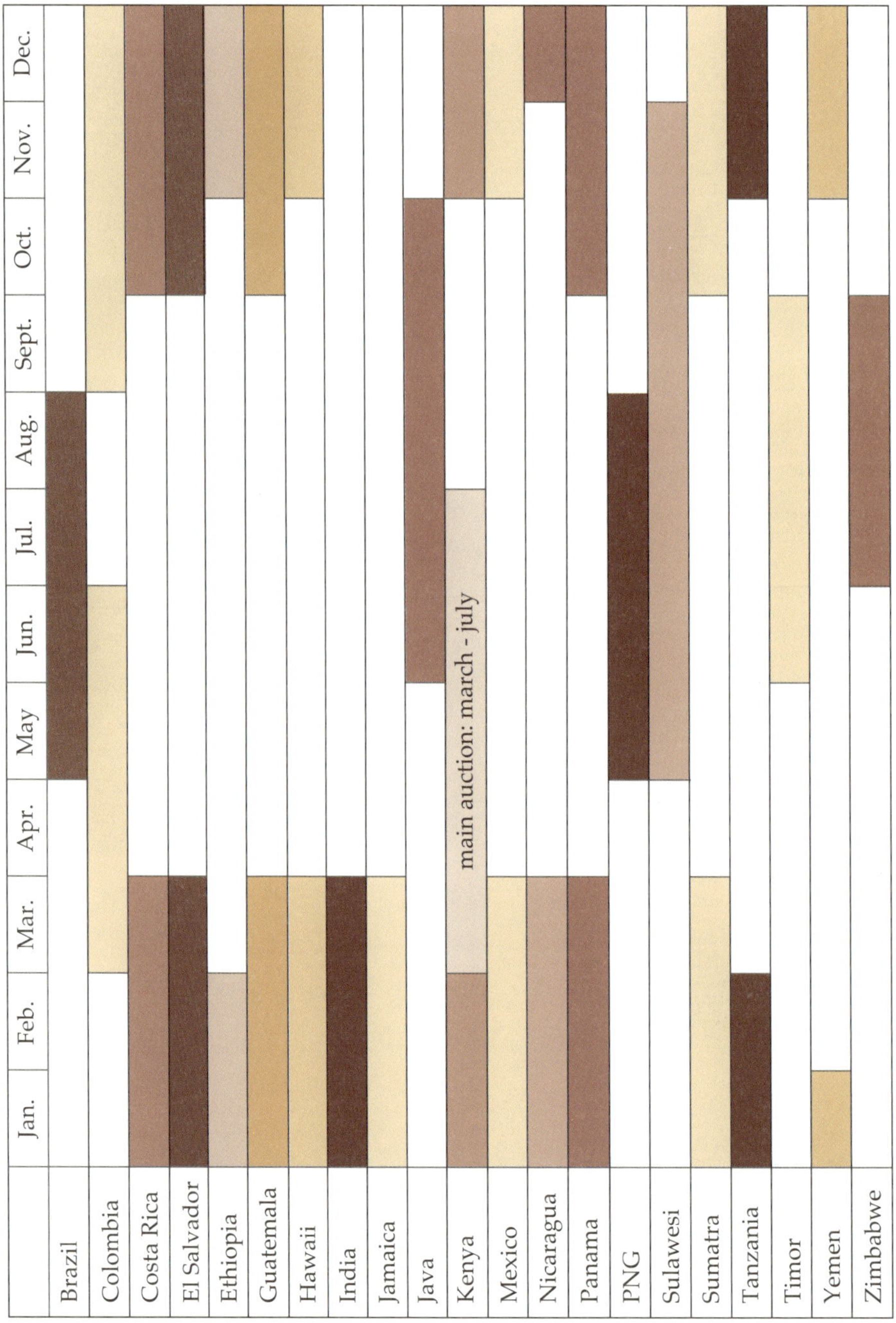

	Jan.	Feb.	Mar.	Apr.	May	Jun.	Jul.	Aug.	Sept.	Oct.	Nov.	Dec.
Brazil												
Colombia												
Costa Rica												
El Salvador												
Ethiopia												
Guatemala												
Hawaii												
India												
Jamaica												
Java			main auction: march - july									
Kenya												
Mexico												
Nicaragua												
Panama												
PNG												
Sulawesi												
Sumatra												
Tanzania												
Timor												
Yemen												
Zimbabwe												

Agricultural crop can be a month ahead, or a month behind, due to the wind, sun, rain, etc.

계통도

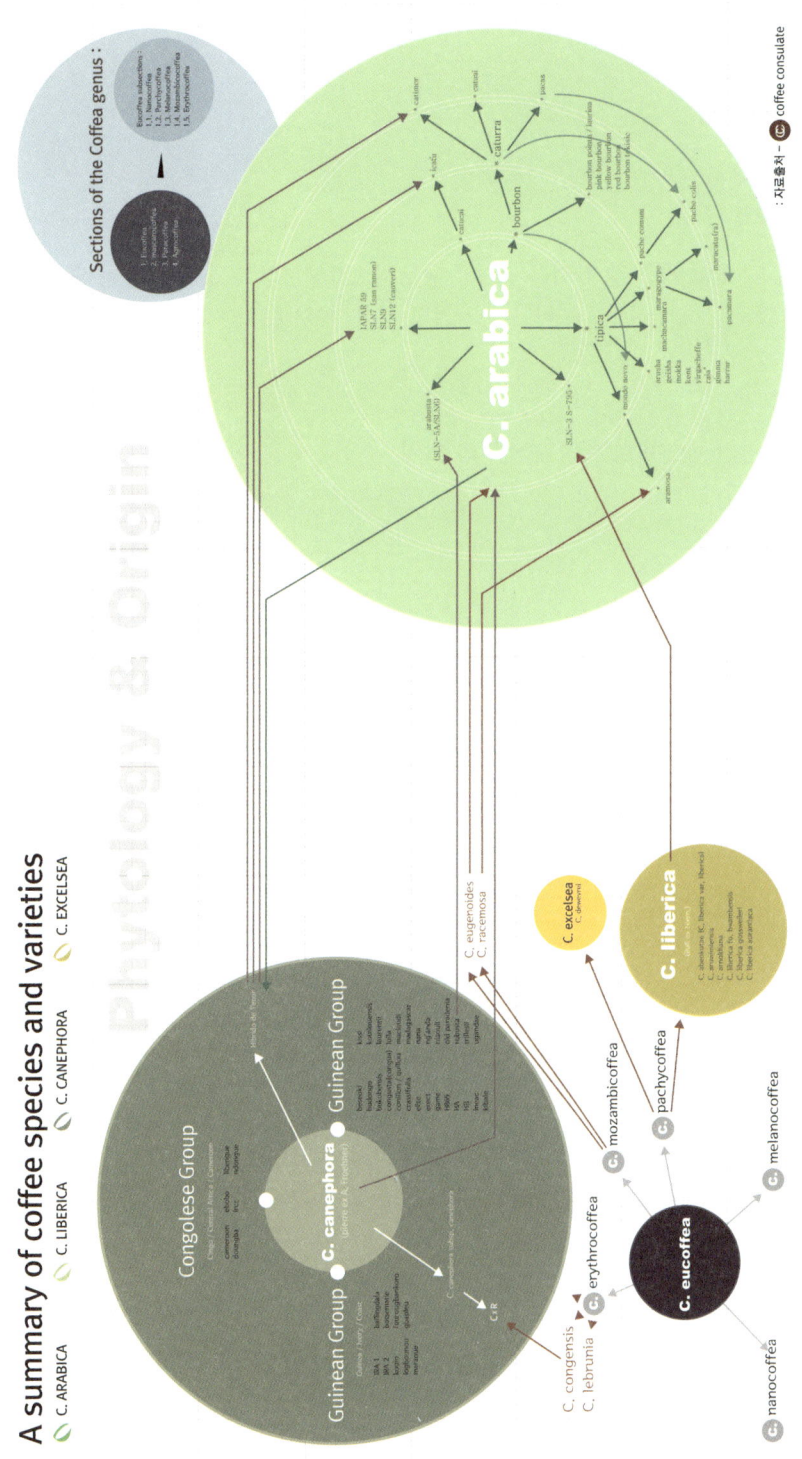

커피의 재배 37

커피의 주요 품종

타이피카 Typica

아라비카 원종에 가장 가까운 품종 / 생두의 모양이 긴 편으로 좋은 향과 산미를 가지고 있다. 그러나 녹병에 취약하고 격년 생산되어 생산성이 낮다는 단점이 있다.

버본 Bourbon

타이피카의 돌연변이 품종 / 생두의 크기가 작고 둥근 편이며, 센터 컷이 S자형이다. 타이피카 종보다 수확량이 20~30% 많다.

카투라 Caturra

브라질에서 발견된 버본의 돌연변이 품종 / 생두의 크기가 작고 신맛이 강하다. 고도 450~1700m, 강우량 2500~3500mm인 지역에서 격년 생산된다. 녹병에 강하고 나무의 키가 작아 수확이 용이하다는 장점이 있다.

문도노보 Mundo Novo

버본과 수마트라의 자연교배 품종 / 생두의 크기가 중간 이상이고 맛은 재래종과 유사하지만 신맛과 쓴맛의 밸런스가 좋다. 환경 적응력이 강하고 병충해에 강하지만 나무의 키가 3m이상으로 자라서 매년 나무의 상부를 전지해 주어야 한다. 1950년부터 브라질에서 재배하기 시작하여 카투라, 카투아이와 함께 브라질의 주력 상품이 되었다.

카투아이 Catuai

문도노보와 카투라의 교배 품종 / 문도노보와 비교하여 맛이 단조롭고 향이 약하지만 나무의 키가 작고 병충해와 강풍에 강하며 매년 생산 가능해 생산성이 높다. 그러나 생산 기간이 10년으로 짧은 것이 단점이다.

아마레로 Amarelo

브라질 품종 / 커피체리의 색깔이 노란색인 것이 특징이고 나무의 키가 작아 생산성이 높다.

켄트 Kent

타이피카의 변이종 / 20세기 초에 인도에서 발견되었으며, 중립의 각형의 콩으로 생산성이 뛰어나고 병충해, 특히 녹병에 강하다. 케냐, 탄자니아 등 아프리카산 커피의 주요 품종 중의 하나로 케냐산의 경우 부르봉에 필적하는 바디와 양질의 산미를 가지는 우량종이다.

티모르 Timor

아라비카와 로부스타의 교배 품종 / 생두의 크기가 큰 편이며 녹병에 강하다.

카티모르 Catimor

티모르와 카투라의 교배 품종 / 커피체리의 크기가 크고, 성장성이 좋으며 다수확이 가능하다. 오늘날에는 카티모르를 기초로 한 다양한 품종 개량의 연구가 진행되고 있다.

배리드 콜롬비아 Varied Colombia

카티모르와 카투라의 교배 품종 / 내병성이 우수하고 직사광선에 강하며 단 시간 내에 다수확이 가능하다. 1980년대부터 콜롬비아에서 널리 재배되기 시작했으며, 오늘날에는 기존의 타이피카 종을 추월하고 있다.

마라고지페 Maraogype

티피카품종의 돌연변이 품종 / 1870년 브라질 마라고지페지역에서 발견되었다. 일반적인 그린 커피에 비해 크기가 1.5배 정도 커서 '코끼리 콩' 이라고도 불린다. 체리가 2cm정도로 크다. 부드럽고 미묘한 단맛이 있다.

커피의 품종

커피의 품종은 전세계적으로 약 60여 종이 넘게 있으며, 지금도 품종계량을 통해 맛과 향이 뛰어나면서도 병충해에 강하고, 수확이 용이한 종을 만들어 내고 있다.

Typica 품종의 새싹

게이샤의 새싹

로부스타의 새싹

커피의 수확

커피는 수확하는 방법에 따라 한 잔에 담기는 커피의 맛과 향이 변하게 된다. 따라서 커피를 수확하는 방식은 커피의 품질에 영향을 미치는 중요한 요인이 되며, 가격과 가공방법에까지 영향을 미치게 된다.

커피를 수확하는 방법 중 가장 우수한 방법은 손을 이용해 잘 익은 체리를 하나씩 수확하는 방식인 핸드 픽

(Hand Pick) 방식이다. 이 방식은 한 그루의 커피나무에서 체리가 익어가는 속도 차이가 나는 특성 때문에 수확하는 방식이 결정된 것이라고 할 수 있다(상단그림참조). 이 방식은 수확하는 시간과 노동력이 많이 든다는 단점 때문에 가격이 비싸지만 좋은 커피를 생산할 수 있다는 장점으로 인해 중남미 대부분의 커피생산국에서 수확 방식으로 채택하고 있다.

스트립 픽(Strip Pick)은 커피체리를 수확할 때 바닥에 넓은 포장재를 깔고 나뭇가지 중 잘 익은 커피가 많은 부분을 훑어내며 수확하는 방식으로 핸드 픽에 비해 정교한 수확은 불가능하지만 단시간에 많은 양의 커피를 어느 정도 선별하며 수확할 수 있다는 장점 때문에 노동력이 부족한 지역과 커피나무가 재배되는 땅이 수평을 이루는 지역에서 선호되는 방식이다. 이 방식을 선택한 경우 커피의 가공과 선별방식이 기계화 된 경우에는 훌륭한 커피를 만들어 낼 수 있지만 기계화 되지 못한 경우에는 대부분 그 상태로 자연건조(Natural Process)시키기 때문에 커피 맛이 떫고 크기가 불규칙하며 새까만 열매(Full Black)나 덜 익은 열매(Quaker), 나뭇가지(Twig), 자갈(Stone)[3] 등이 포함되는 질 낮은 커피가 되게 된다.

기계 수확(Machine Harvest)은 커피를 수확할 때 기계를 이용해 수확하는 방식으로 포도수확 기계와 거의 같은 형태의 기계를 이용해 이루어진다. 생산속도와 인건비가 아주 적게 드는 장점이

---

3) p.94 「디펙트 빈」 참조

있는 반면, 수확한 커피가 일정하게 익지 못해 좋지 못한 맛과 향을 가지게 될 수도 있는데, 최근에는 기계화된 가공선별방식에 의해 잘 익은 체리만 선별하는 것이 가능하게 되어 더욱 많은 곳에서 사용될 것으로 보인다. 그러나 기계를 이용하기 위해서는 재배단지가 평지여야 하고 계획적으로 재배단지가 조성되어 있어야 한다. 브라질의 경우에는 품종계량을 통해 커피가 한꺼번에 익어갈 수 있게 됨에 따라 수확에 따른 손실률까지 줄이면서 우수한 커피를 수확하고 있다.

많지는 않지만 커피를 수확하는 방식 중 독특한 방식 중에는 동물을 이용하는 방식도 있다. 동물은 일반적으로 과일 중 가장 잘 익은 열매만을 따서 먹는 본능이 있다. 이 본능과 파치먼트 상태의 커피는 소화되지 않는다는 점을 이용해 수확기에 커피농장에 사향고양이나 다람쥐 또는 원숭이를 풀어 이 동물들이 잘 이은 열매를 따먹게 하고 배설물로 배출되는 파치먼트 상태[4]의 커피를 거두는 방법이다. 수확량이 많지 않고 일반커피에 비해 독특한 맛과 향을 지닌다는 특수성 때문에 고가에 판매되고 있다.

1. 인도네시아 등지에서 르왁 커피(Luwak Coffee)를 생산하는 사향고양이.

2. 커피를 수확하고 트럭이 도착하여 수확한 커피를 판매할 수 있도록 고산지대에 마련된 임시 장소에 사람들이 모여 있다.

3. 트럭에 실린 커피체리는 선별세척공정에 들어가기 위해 모아진다. 대부분의 농부들은 대지주의 커피농장에서 커피를 수확하며, 수확에 따른 노동비를 지급받고 있을 뿐 독립적인 생산이나 가공, 판매 등은 전혀 이루어지지 않고 있다. 왼쪽의 사진은 수확된 커피체리를 세척선별 그리고 과육제거 공정을 위해 모으는 모습이다.

---

4) 동물의 소화기관을 통해 체리의 외과피와 과육 그리고 무실라지(Mucilage)까지 완전히 제거된다.

커피의 가공방식

커피는 수확하는 방식에 의해 최종적인 맛과 향이 바뀔 뿐만 아니라 가공방식에 의해서도 맛과 향이 영향을 받게 되는데 가공방식은 크게 세척방식과 자연건조방식 그리고 반세척방식으로 나눌 수 있다.

1. 세척방식(Washed)

1) 수확&선별(Harvest & Select)
   (1) 핸드 피킹(Hand Picking)
   (2) 스트립 피킹(Strip Picking)
   (3) 기계 수확(Machine Harvest)
2) 세척&선별(Washing & Select)
   (1) 물에 띄워 세척선별
   (2) 기계적으로 세척선별
3) 과육제거(Depulping)
   디펄퍼(Depulper)를 이용해 과육을 제거한다.
4) 발효(Fermentation)
   실로(Silo)에 넣어 24시간 정도 무실라지(Mucilage)를 제거하는 것을 말한다. 그러나 금세기에 들어 발효된 파치먼트 커피를 씻어낼 때 생기는 막대한 물이 환경오염의 원인으로 부각되면서 무실라지를 짜내거나 원심분리의 원리를 이용해, 제거하는 방식이 각광받고 있으며 이를 에코 프로세스(Eco-process)로 부른다.

1 커피창고   2 디펄퍼의 표면   3 크기 나누기
4 소형 디펄퍼 5 디펄퍼 통과 후 모습

5) 세척(Washing)
6) 건조(Dry)
7) 포장(Package)
8) 저장(Storage)
9) 도정(Hulling)
10) 선별(Select)
11) 포장(Package)
12) 수출(Export)

2. 자연건조방식(Unwashed=Natural=Sundry)

1) 수확(Harvest)
2) 건조(Sundry)
3) 저장(Storage)
4) 도정(Hulling)
5) 선별(Select)
6) 포장(Package)
7) 수출(Export)

3. 반세척방식(Semi-washed)

1) 수확&선별(Harvest & Select)
2) 세척&선별(Washing & Select)
3) 과육제거(Depulping)
4) 건조(Sundry)
5) 포장(Package)
6) 저장(Storage)
7) 도정(Hulling)
8) 선별(Selective)
9) 포장(Package)
10) 수출(Export)

4. 기타 가공방법

생두의 가공방법에 있어 기후조건이 미치는 영향은 매우 크다. 세척방식, 자연건조방식, 반세척방식과 같은 가공방법으로 구별하고 이에 따라 커피의 맛과 향이 뛰어난 것은 어떤 것이고 가격이 저렴한 가공방식은 어떤 것인지 구별한다. 그러나 이러한 가공방법은 생산지역의 기후조건에 의해 선택된 것이 더 맞다고 할 수 있다.

브라질이나 에티오피아에는 자연건조방식이 많고, 중남미에는 세척방식이 많은 이유는 그 지역의 기후적 특징, 즉 비가 얼마나 많이 오는가를 생각해보면 이해하기 쉬울 것이다. 즉, 브라질이나 에티오피아의 경우에는 비가 많지 않고 맑고 건조한 날이 지속되는 기간이 20일 이상이어서 수확 후 자연스럽게 햇볕에 말려도 큰 문제가 없는 기후조건이다. 반면 콜롬비아를 비롯한 중남미의 경우에는 3주 이상 건조한 날이 지속되지 않아 체리 상태로 말리게 되면 비 때문에 썩을 가능성이 높다. 따라서 비가 많은 지역에서는 세척방식을 통해 외과피와 과육을 제거하고 미끌거리고 끈적거리는 무실라지는 24시간 정도 실로에서 효소를 배양해 제거함[5]으로써 5일 정도만에 신속히 파치먼트 커피를 만들어내거나 아예 기계건조를 통해 햇빛에 노출시키지 않는 방법도 탄생한 것이라고 할 수 있다. 그러나 이러한 효소에 의해 무실라지를 제거하는 방식은 효소를 다시 제거하기 위해 막대한 양의 물이 필요하게 되고 이때 버려지는 물이 자연을 오염시키는 요인으로 지적되면서, 반세척방식처럼 무실라지 상태로 자연에 건조시키는 방법과 콜롬비아나 엘살바도르처럼 짜내는 방식이 자연을 보호한다는 의미에서 에코 프로세스라고 불리기도 한다.

현재 중남미 국가들의 대부분은 발효보다는 짜내는 방식으로 무실라지를 제거함으로써 자연생태계를 보호하고 있다는 인식을 커피 소비국에 전해주기 위해 많은 노력을 하고 있다.

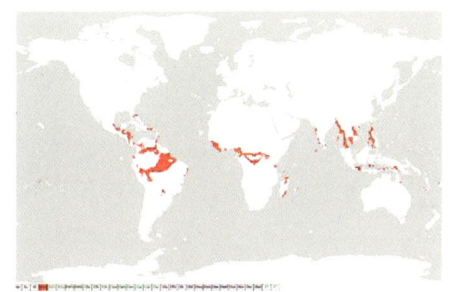

이러한 여러 가지 방식이 존재함에도 불구하고 인도와 인도네시아 같은 국가들, 즉 몬순기후[6]라고 하는 계절풍이 많은 지역에서는 커피를 특별히 계절풍에 쏘여 장기간 자연건조시키는 방식으로 생산하는데, 이를 몬순커피라고 부른다. 인도와 인도네시아가 생산량이 많으며 묵직한 바디감과 쏘는 듯한 맛이 특징이다. 오른쪽 그림의 표시지역이 몬순커피가 생산가능한 지역이다. 하지만 모든 지역에서 생산하지는 않고 대부분의 몬순지역에서는 세척방식을 선택하여 가공처리하고 있다.

커피체리의 처리방식 중 가장 독특한 방식은 르왁커피이다. 르왁은 시빗(Civet)의 인도네시아 이름으로 한국에서는 사향고양이라고 부른다. 야행성인 이 동물은 커피체리를 먹이로 먹게 되고 이 동물의 소화기관을 통과하면서 외과피와 과육 그리고 무실라지가 깨끗이 제거된 상태의 파치먼트 커피가 되면서 세척방식으로 처리된 커피와 같은 상태의 커피가 되는 것이다. 이 상태의 커피를 이른 아침부터 사람들이 거두어 들여 건조하면 르왁커피가 된다. 이때부터는 일반커피와 같이 도정과정을 통해 그린 커피가 되고 로스팅 후 마시는 커피가 되는 것이다.

르왁커피는 이러한 독특한 처리방식에 의한 희소성 때문에 매우 가격이 높게 형성되고 있다. 아직 필자는 특별히 기대 이상의 맛과 향을 가진 것을 만나보지 못했다. 몬순커피와 비슷한 느낌이다. 또한 르왁커피라는 이름으로 판매가 될 뿐, 아라비카인지 로부스타인지도 정확히 기재하고 있지 않은 점은 바로 잡을 필요가 있을 것 같다.

---

5) 이러한 무실라지 제거과정을 발효(Fermentation)라고 부른다.
6) 열대 우림 기후와 열대 사바나 기후의 중간적인 기후로, 연평균 기온이 25~27℃이며 비가 많고 짧은 건기(乾期)가 나타난다. 계절풍 기후라고 하기도 하며, 계절풍의 영향으로 여름에는 많은 비가 오고 겨울에는 건조하다.

건조

커피체리 가공법이 다변화되는 것과 같이 가공된 원두의 건조 역시 많은 변화가 있다. 전통적으로 햇빛에 말리는 sundry 방식도 말리는 장소에 따라 시멘트에 말리는 방식과 아스팔트, 테이블에 말리는 방법으로 나누어지고 있다. 이는 커피 acidity에 영향을 주게 되어 산도가 높은 커피를 원할 경우에는 시멘트에 건조하는 방식을 선호하고 있다. 최근들어 커피체리나 파치먼트상태[1]를 그대로 테이블 위에 건조하는 방식을 통해 당도와 향이 뛰어난 커피를 만드는 방법도 유행하고 있다.

테이블 위에 워시드 가공된 커피를 건조하는 모습

테이블 위에 체리상태의 커피를 건조하는 모습

또한, 햇빛에 말리는 방식 이외에도 농장에 자본이 축적되면서 비닐하우스 건조장을 지어 기후로부터 자유로우면서도 기존 기계드라이어의 단점을 극복하는 건조법도 발전하게 되어 현재의 커피는 더욱 깨끗하고 납품날짜에 맞추면서도 일정한 맛과 향을 유지하는 것이 가능해지고 있다.

기계드라이어를 통해 건조하는 경우에는 주로 나무를 이용해 화력을 얻게 된다. 이때는 가지치기를 한 커피나무와 파치먼트껍질을 함께 태워서 열을 얻게 된다.

1 비닐하우스건조장에서 작업 중인 모습
2 기계드라이어를 통해 건조하는 모습

1) 테이블에 건조하는 방식은 체리상태이거나 피치먼드 또는 무실라지(Mucilage)상태를 따로 구별하지 않고 하나의 건조법으로 자리 잡고 있다. 이 방식은 시멘트 등 건조장 포장방식이 발전하지 않은 아프리카에서 주로 이용되어 African seedsbed라고 불리우기도 한다.

운송

1 파티오(Patio)에 파치먼트 상태로 건조된 커피를 가마니에 담고 있다. 2 커피를 수확하여 체리상태로 산길에 놓아두면 5번 사진처럼 당나귀가 와서 실어 옮긴다. 3 파티오에 체리상태 그대로 건조된 커피. 4 파티오에서 담겨진 파치먼트는 약 35~40kg으로 저장고까지 남자들이 운반한다. 5 소로의 커피체리를 당나귀가 운반하고 있다.

주로 여자들에 의해 수확된 커피체리는 농장의 소로(小路)를 따라 가마니에 담긴 채 놓여지게 되고 이는 다시 남자들이나 당나귀를 통해 구매장소로 옮겨지게 된다.

생두의 보관

Green Coffee는 파치먼트 상태로 보관이 이루어진다. Green Coffee로 가공된 상태로 보관이 되면 즉시 수출할 수 있다는 장점이 있지만 파치먼트 상태로 보관하면서 신선도를 유지시킨다. 쌀 역시 벼 상태로 보관하다 먹기 전 도정을 하면 맛이 뛰어나듯 커피도 파치먼트 상태로 보관하면 가수분해가 늦어지게 되어 맛과 향, 특히 Month feel이 상태를 유지하게 된다.

통상 3개월 정도는 파치먼트 커피로 보관이 되며 수입 시의 주문이 있는 경우 도정을 통해 파치먼트를 벗겨내고 크기를 조정하고 밀도를 구별해 내는 등의 앞에서 설명한 과정을 진행하게 되는 것이다.

따라서 수입시에는 한꺼번에 너무 많은 양을 수입하고 보관하는 것보다 필요예상량으로 파악하고 측정된 양이 6개월 이상 보관되지 않도록 양을 조절하여 수입하는 것이 좋다.

최근들어 Cup of exellence를 중심으로 Green Coffee들이 진공팩에 담겨오면서 공기와의 접촉을 최소화하면서, Green Coffee로서의 수명이 길어지고 있다.

물론 공기와의 접촉을 최소화하면서 온도변화에도 더 둔감해지고 있어 신선도와 수분율을 지속시킬 수 있는 장점까지 얻게 되어 점점 더 많은 고급 커피들이 진공팩을 통해 수입될 것으로 보인다.

03

커피를 맛없게 만드는 5가지 요인 (5적)

커피를 맛없게 만드는 5가지 요인

커피를 맛없게 만드는 5가지 요인

커피가 신선식품이라는 사실을 이해하고 있는 사람은 그리 많지 않다. 신선식품이란, 계란이나 두부, 야채, 생선과 같이 수확하거나 만들어진 날로부터 가까울수록 맛과 향이 뛰어난 식품을 말하는데, 커피 역시 신선식품에 해당한다. 단지, 일반식품은 신선하지 않은 것이 즉시 사람의 건강을 해치는 독약과 같은 역할을 하지만 커피는 오래되어도 건강을 나쁘게 하는 경우는 많지 않다. 다만, 맛과 향의 품질이 떨어지게 된다. 이러한 이유로 커피의 식품위생법상의 유효기간은 1년 내지 2년이다. 그러나 커피는 로스트(Roast)된 날로부터 멀어질수록 신선도가 떨어진다. 원두[7]의 기본상태가 바로 불포화된 상태이기 때문이다.

따라서 원두는 끊임없이 포화되어 안정된 분자구조가 되려고 노력하는 성질을 가지게 된다. 이처럼 포화되어 안정된 상태가 바로 우리가 말하는 산화이다. 즉, 원두의 불포화지방산[8]은 끊임없이 산소를 끌어당겨 포화상태를 이루려고 한다. 이 점이 바로 커피가 산화되는 것을 의미하며 신선식품이라는 이유이다. 따라서 아래와 같이 커피를 산화시키는 요인과 촉진요인들을 구별하여 원두가 피해야 할 요인들로 구별할 수 있다.

$$ⓘ + O^2 = CO^2$$

1. **산소(Oxygen)** – 공기를 통해 원두가 산소와 접촉함
2. **햇빛(Sun)** – 온도를 상승시켜 산소와의 반응속도를 가속화
3. **습기(Moisture)** – 추출 도구인 수분으로 커피가 완전산폐
4. **냄새(Perfume)** – 커피 외의 모든 향
5. **시간(Time)** – 커피의 수명
   1) 생두(Green bean) : 수확 후 1년
   2) 원두(Roasted bean) : 로스팅 후 3주
   3) 개봉(Unpacked bean) : 개봉 후 7일
   4) 분쇄(Grounded bean) : 분쇄 후 18분
   5) 추출(Extracted coffee) : 추출 후 3분

---

[7] 원두(Roasted beans)는 로스트된 원두를 말한다.
[8] 불포화지방산으로 리놀렌산(Linolenic acid)을 말한다.

04

커피를 맛있게 만드는 5가지 요인

커피를 맛있게 만드는 5가지 요인

커피를 맛있게 만드는 5가지 요인

1. Material(Bean) : 훌륭한 등급의 생두 + 적절한 로스팅
   - 등급분류법
      1) 스크린(Screen)
      2) 산지고도
      3) 결점수
      4) 결점수 + 향미점수

2. Mix(Blend) : 에스프레소를 커피의 심장이라 함

3. Mill(Grinder) : 분쇄입자의 크기

4. Machine
   - 일정한 온도
   - 일정한 압력
   - 일정한 추출량

5. Man : S.M.H 기본능력필요
   - Skill : 커피를 맛있게 추출하는 기본적인 능력
   - Management : 매장의 경영과 마케팅 능력
   - Harmony : 스탭(staff) + 고객(guest) + 바리스타(barista)

1. Material(Bean)

좋은 원두를 나누는 4가지 방법

① 크기에 의한 분류 (ex. Screen 19)

스크린	20-(8mm)	very large bean
	19-(7.5mm)	extra large bean
	18-(7mm)	large bean
	17-(6.75mm)	bold bean
	16-(6.5mm)	good bean
	15-(6mm)	medium bean
	14-(5.5mm)	small bean
	13-(5mm)	peaberry

(참조 : 스크린의 지름크기 = 스크린No. / 64×25.4)

② 생산고도에 의한 분류 (ex. SHG/HG)

일반적인 밀도 1.10~1.30g/ml

CS - Commercial : 500-900m
HG - High Grown : 900-1,000m
SHG - Strictly High Grown : 1,000-1,500m

③ 결점두 수(數)에 의한 분류 (Specialty, Premium)
- 350g당 결점두 수를 가지고 평가함(브라질은 300g으로 평가함)

(SCAA 기준)

등급	1	2	3	4	4.5	5	6	7	8
점수	없음	5	8	26	36	46	86	160	360

④ 2가지 이상의 방법을 병행하는 방법
- SCAA (Specialty Coffee Association of America)의 분류법
- Defects Bean : Flavors = Grade

스페셜티 커피의 조건

(SCAA 기준 350g(브라질은 300g))

Defect Bean 점수	5점 이하 (단, category 2만 허용)
그린커피 크기	제시한 사이즈의 95% 이상 (±2.5% 이하)
수분함유량	10 ~ 13%
Green Coffee Odor	그린커피 이외의 향기가 없을 것
퀘이커	허용하지 않음(100g당 1개 미만)
커핑 점수	85점 이상(1가지 이상의 독특한 특성이 있을 것)

2. Mix(Blend)

좋은 커피를 위한 노력, 블렌딩(Blending)

커피를 블렌하는 것은 지금까지 만나보지 못한 하나의 커피를 창조하는 과정이라고 할 수 있다. 커피를 블렌하는 목적은 단순하다. 더 좋은 커피를 마시기 위한 것이다. 더 좋은 커피를 맛보고 싶어하고, 블렌더 자신이 선호하는 커피를 만들어 내는 것은 자신의 커피스타일을 말해주는 중요한 척도가 된다. 커피하우스의 메뉴를 보면 첫장 첫줄에 "하우스블렌"이란 메뉴가 달린 것을 볼 수 있는데, 이는 바로 커피에 대한 운영자 자신의 기준을 보여준다. 즉, 커피를 만들어 내고 판매해 본 경험을 바탕으로 운영자 자신과 고객의 만족도가 가장 높은 커피가 바로 하우스블렌이 되는 것이다.

또 다른 이유로 커피를 블렌하는 이유는 특정원두를 구하기 힘들거나 매우 비싼 경우 최대한 비슷한 맛과 향을 가진 커피를 만들어 내는 것이 그 목적이다. 이런 경우는 산지별, 품종별 특성을

매우 잘 이해하고 있어야 블렌이 가능하다고 할 수 있다.

한 잔의 에스프레소는 전세계 모든 커피가 가진 모든 맛과 향을 한 잔에 담고자 하는 노력이다. 따라서 블렌딩은 단종의 커피가 가진 편중성을 해결하고 미묘한 향미를 지닌 커피로 다시 태어나게 만드는 공정이라고 할 수 있다. 커피의 풍미는 Sweet, Bitter, Acidity, Aroma, Flavor, Body로 표현하는데 한 가지 커피, 즉 단종 커피가 지닌 커피의 풍미는 맛과 향이 한쪽으로 치우치는 성향이 강하다. 이를 보완하여 커피 맛을 균형 있게 만드는 공정을 커피의 블렌딩이라고 한다.

이때 커피는 2가지 이상의 블렌딩으로 다음과 같은 풍미의 변화를 예상할 수 있다. 따라서 두 가지 이상의 원두를 배합하는 경우에는 아래와 같은 경우의 수가 나오게 되고 블렌딩을 할 때는 아래 경우의 수 중 이상적인 경우를 선택해서 블렌딩해야 한다. 결과적으로 여러 경험과 축적된 데이터를 바탕으로 블렌딩이 이루어진다.

	A종	B종
이상적	강해짐	강해짐
긍정적	약해짐	강해짐
긍정적	강해짐	약해짐
부정적	약해짐	약해짐

3. Mill(Grinder)

분쇄의 원리와 그라인더

원두를 분쇄하는 것은 커피의 향미를 좌우하는 중요한 요소이다. 추출이란 물이 커피입자 속에 스며들어 커피를 녹이고 삼투압효과에 의해 커피의 성분을 적절히 확산시키는 것을 말한다. 이때 커피와 물이 얼마나 오랫동안 닿아 있는지를 조절하는 것으로 커피의 맛과 향이 결정된다. 커피의 여러 가지 성분 중에서 최대한 좋은 성분들을 끌어내는 것이 추출의 목적이라고 할 수 있다.

분쇄에 있어 중요한 것을 두 가지로 분류하자면 분쇄된 커피입자의 크기가 균일해야 한다는 것과 분쇄 시 발생되는 열이 적어야 한다는 것이다. 입자크기가 다른 여러 입자들의 평균치를 내었을 때의 크기를 가지고 입도를 이야기할 수 없다. 분쇄하였을 때 입자의 크기가 균일하지 않은 경우는 각 커피 입자에서 추출되는 가용성 성분의 정도가 다르기 때문에 맛의 편차가 생길 가능성이 높다. 물론 현실적으로 완전하게 동일한 크기의 분쇄입자를 만들어낼 수는 없지만 편차가 적도록 만들어주는 그라인더가 더 좋다고 할 수 있다.

또 분쇄 시 발생되는 열의 경우 로스팅을 통해 완성된 커피 성분의 변화를 가져올 수 있기 때문에 열 발생이 적은 쪽이 좋다. 커피는 갓 볶았을 때가 가장 신선하고 향기가 풍부하며, 분쇄되면 표면적이 넓어지므로 빠르게 산화되고 휘발성 향기성분이 공기에 노출된다. 산화는 원두상태일 때도 일어나지만 분쇄되면 더욱 빠르게 진행되므로 분쇄 즉시 추출하는 것이 가장 좋은 향미를 느낄 수 있으며 분쇄할 때도 산화의 가속도가 일어나지 않도록 열 발생이 적은 그라인더를 선택하면 더 좋은 커피를 즐길 수 있다.

방식	분쇄원리	
	충격식 분쇄(Impact Grinding)	간격식 분쇄(Gap Grinding)
특징	• 충격체가 모터를 통해 회전되면서 원두에 충격을 가해 부수는 형식 • 충격을 주는 시간 혹은 횟수가 길어질수록 분쇄 입도는 작아짐	• 일정한 간격으로 돌아가는 칼날 사이에 원두를 통과시켜서 분쇄하는 방식 • 칼날 간격에 따라 입자크기조절 • 고정된 축과 원뿔의 회전축 사이에서 커피가 으깨지는 방식
장단점	• 가격이 저렴하고 작동이 쉬우나 충격체의 회전만을 이용한 분쇄로 분쇄입자 불균일 • 모터에서 발생한 열이 충격체를 통해 커피에 전해지고, 충격체와 커피의 마찰열 발생으로 향미가 떨어지게 됨	• 회전수가 적어 열 발생은 적음 • 분쇄입자크기 선택이 가능 • 분쇄 속도가 느리다. • 분쇄입자가 불규칙적임 • 고운입자 세팅은 불가능하다. • 분쇄 중 열발생으로 향기성분이 날아가고 맛성분이 변화할 가능성이 있음
	칼날형(blade)	원뿔형(conical grinder) 롤러형(Roller grinder) 평면식 분쇄(Flat Cutter)

1) **Flat cutter** – 에스프레소용
2) **Conical grinder** – 드립용 그라인더
3) **Roller grinder** – 공장용 대형 그라인더
4) **Screw grinder** – 드립용 그라인더
5) **Blade grinder** – 가정용 그라인더

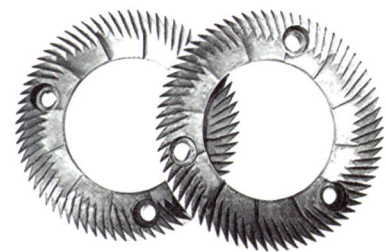
Flat cutter

Conical grinder

전통적인 그라인더　　　　Blade grinder　　　　Espresso 범용 그라인더

4. Machine

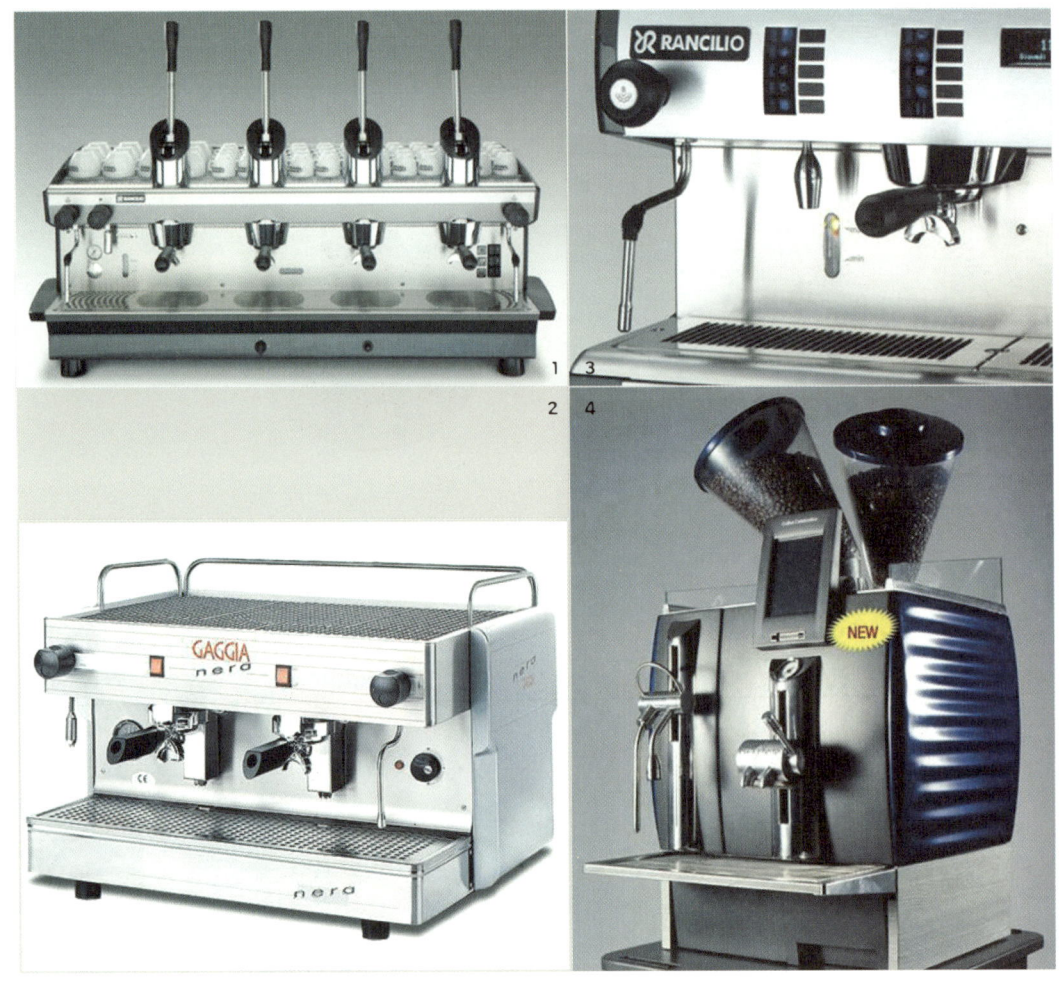

1. Manual machine 2. Semi-automatic 3. Automatic machine 4. Fully automatic machine

1) 청소 및 기계유지 관리법

기계는 항상 청결하게 유지 관리해야 한다. 잘 관리하지 않고 더러운 기계는 보기에는 이상이 없는 것처럼 보여도 커피 맛도 좋지 않음은 물론이거니와 고장이 잦고 수리하는 데 많은 경비가 든다. 일반적으로 기계청소는 하루마다, 일주일마다 청소하는 것을 기본으로 한다.

나이트 클리닝(Night Cleaning)

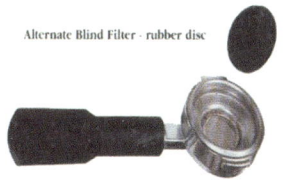

블라인드 필터(Blind Filter)를 포터필터에 장착한 후 그룹헤드에 끼워서 그림과 같이 몇 번에 걸쳐 백 플러싱(Backflushing) 한다.

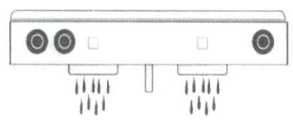

백 플러싱이란 왼쪽 그림과 같이 장착한 후 작동 스위치를 눌러서 물이 나오게 한 후 포터필터를 잡고 양쪽으로 움직여 줌으로써 커피 찌꺼기를 배수하는 것이다. 이는 커피 찌꺼기가 나오지 않을 때까지 해야 한다.

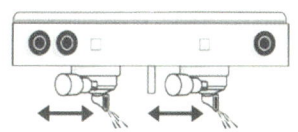

플라스틱 브러쉬(Plastic Brush)를 사용하여 그룹헤드 부분(Grouphead Area)을 깨끗하게 청소하여 커피 찌꺼기를 제거한다. 이 청소는 자주 해줘야 한다.

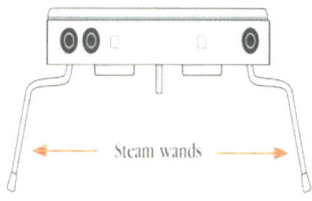

스팀 막대(Steam Wand)는 우유와 접촉하는 부분인 노즐 팁(Nozzle Tips)을 떼어내어 우유 찌꺼기가 묻었던 부분을 깨끗하게 닦고 다시 끼워준다.

위클리 클리닝(Weekly Cleaning)

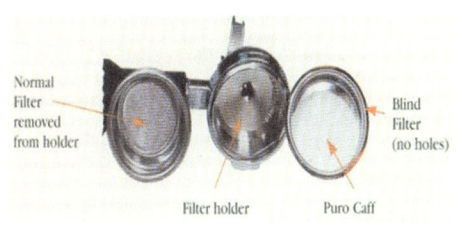

에스프레소 머신 클리너를 블라인드 필터에 소량 넣는다. 그런 다음 그룹헤드에 장착을 한 후 물이 깨끗하게 헤드를 통과할 때까지 그리고 커피 찌꺼기가 없어질 때까지 10초 동안 에스프레소 버튼을 누른다. 이것을 6~7회 반복한 후 백 플러싱으로 헹궈낸다.

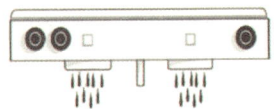

왼쪽 그림과 같이 그룹헤드에서 그룹헤드 필터를 분리해서 부드러운 솔로 닦아준다.

포터필터 홀더로부터 바스켓을 분리한 후 뜨거운 물에 머신 클리너 파우더를 넣어서 그룹헤드 필터와 포터필터와 함께 다음날 아침까지 담궈 놓는다. 스팀 막대를 뜨거운 물에 담구어 밤새도록 놓아둔 후 아침 사용 전에 잘 닦아서 사용한다.

그라인더 클리닝(Grinder Cleaning)

그라인더 속의 분쇄된 커피를 모두 제거한다. 만약 밤새 놓아두면 신선하지 않은 커피로 변화된다. 도싱 부분(Dosing Area) 주위는 브러쉬로 털어내고 분리한 후 솔을 이용해 깨끗하게 씻어준다. 호퍼(Hopper)는 매일 기름때를 타올로 닦아내고 3일에 한번 꼴로 물로 깨끗하게 씻어준다. 그렇지 않으면 오일(Oil)에서 불쾌한 냄새가 난다.

2) 커피머신의 외부명칭

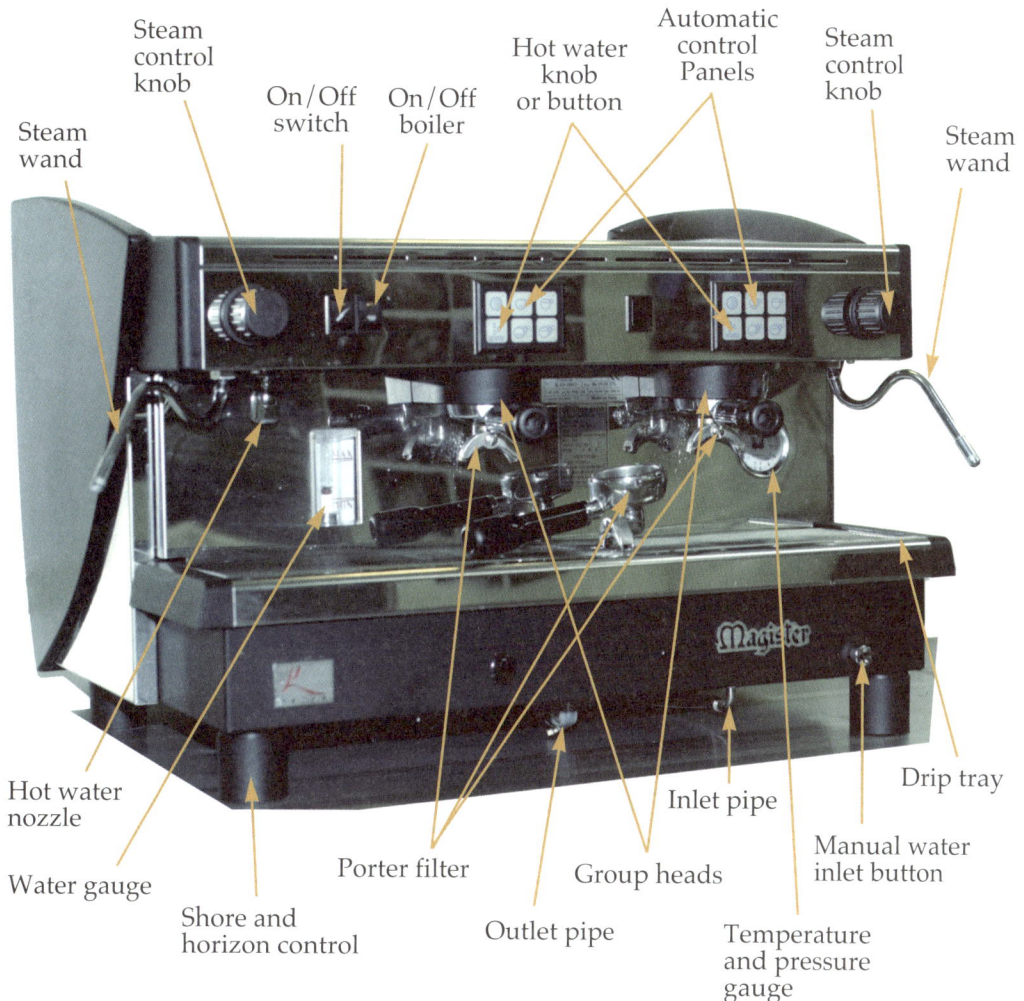

3) 커피머신 작동원리도

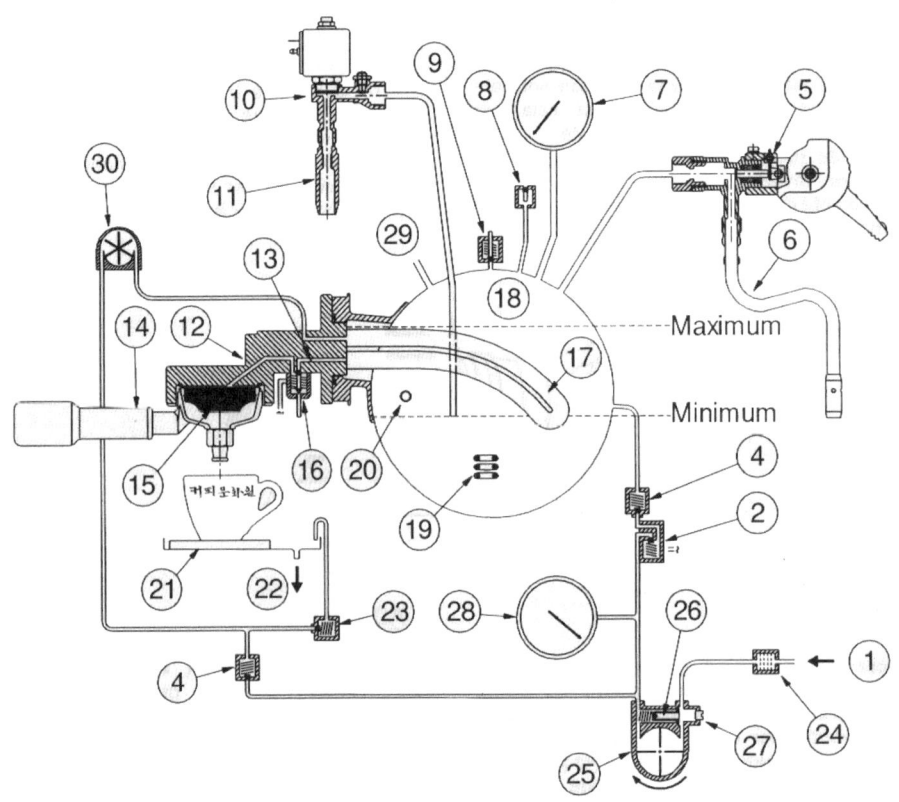

	Korean	English		Korean	English
1	급수관	Main water supply	17	HEAT EXCHANGER	Heat exchanger
2	압력체크밸브	Boiler solenoid valve	18	보일러	Boiler
4	배수방지밸브	Check valve	19	HEATER	immersion heater
5	스팀 탭	Steam tap	20	온도센서	Overheating thermostat
6	스팀 막대	Steam wand	21	받침대	Drip tray
7	보일러 압력계	Boiler pressure gauge	22	배수구	Drip tray drain
8	공기밸브	Pressure relief valve	23	압력조절밸브	Pressure relief valve
9	안전밸브	Boiler safety valve	24	급수필터	Filter
10	H/W/TAP	Hot water tap	25	모터펌프	Pump
11	H/W/SPOUT	Hot water spout	26	역류방지밸브	By-pass valve
12	커피유닛	coffee unit body	27	펌프압력조절기	Pump pressure adjustment
13	추출연결구	Injector	28	수압계	Pump pressure gauge
14	포터	Filter holder	29	압력스위치와 연결	To pressure switch
15	포터필터	Filter filled with grounds	30	플로우메터	Flow meter
16	배수방지밸브				Group solenoid valve

5. Man

맨(Man)은 바리스타를 뜻한다. 바리스타는 커피의 5적과 커피의 4친구를 알고 매뉴얼화하는 능력을 기본적으로 가진 사람을 뜻한다. 즉 커피를 맛있게 만들 수 있는 능력을 기본적으로 가지고 있어야 한다. 하지만 바리스타가 꼭 커피를 만드는 능력만 필요한 것은 아니다. 아울러 바리스타에게는 매장을 경영할 수 있는 능력이 필요하다. 매장의 효율적인 관리에서 메뉴관리, 그리고 인력관리, 매출관리 등 필요한 모든 능력을 경영능력이라고 할 수 있을 것이다.

여기까지만 생각해도 바리스타는 쉬운 직종이 아니라는 것을 알 수 있을 것이다. 하지만 여기에 서비스업의 특징상 사람과의 유대를 중심으로 한 조화 능력을 빼놓을 수는 없다.

매장에는 바리스타와 스탭 그리고 손님이 한 장소에 모여 있다. 따라서 바리스타는 스탭을 훌륭하게 리드해야 할 뿐 아니라 손님과의 관계에도 많은 노력을 기울여야 한다. 더불어 스탭과 손님과의 관계까지 신경을 써야 하는 중요한 위치에 있는 사람이다. 따라서 바리스타라고 하면 커피를 맛있게 만드는 기본적인 기술과 매장을 경영할 수 있는 능력, 그리고 매장의 분위기와 인간관계를 이끌 수 있는 유대감에 이르는 폭넓은 능력을 소유한 사람이어야 한다.

05

에스프레소의 추출

Cup of Espresso

에스프레소 추출 순서

Influence to Extraction Time

Cup of Espresso

수치적(Technical)	관능적(Sensory)

투입량 : 7g
추출압력 : 9bar
추출온도 : 92℃
주출량 : 29.5ml
추출시간 : 25초
	크레마(Crema)
	  색상(Color) : Brown with reddish
	  Yellow-Brown-Reddish-Darkbrown-Dark
	  밀도(Consistency) : 스푼테스트
	  지속력(Persistence) : 3분이상
	  복원력(Recovery) : 스푼&슈거테스트
	  두께(Thickness) : 3mm – 샷글라스
	  문양(Pattern) : 타이거벨트(Tigerbelt)
	  채도(Chroma) : 맑고 세밀한 느낌의 크레마

투입량 : 6~8g
추출압력 : 8~10bar
추출온도 : 90~95℃
추출량 : 25~35ml
추출시간 : 20~30초
	맛(Taste)의 균형
	  쓴맛(Bitter) & 신맛(Acidity)
	  & 단맛(Sweet)의 조화

탬퍼(Tamper)의 선택 :

  탬퍼는 커피를 다지는 기술에서 아주 중요한 역할을 하게 된다. 따라서 탬퍼를 선정할 때는 편의성도 중요하지만 바스켓 지름과 유격이 거의 없는 1mm 이내의 차이가 나는 탬퍼를 선택해야 고른 템핑을 할 수 있다.

크레마(Crema) :

  – 에스프레소의 추출시 고압고온에 의해 커피의 식물성지방 등의 성분이 밀려나온 것.

  – 이 크레마의 상태에 의해 커피의 에스프레소의 추출 이상유무를 판단할 수 있음.

  – 대부분 휘발성 성분으로 추출시 정상압 이하 또는 이상을 받을 경우 크레마가 생기지 않거나 휘발이 빠름.

에스프레소 추출 순서

Note. 0. 잔 준비하기
- 통계적으로 사람이 커피를 가장 맛있게 느끼는 온도는 55~60℃이다.
- 사용할 잔이 있는지 확인한다.
- 잔이 뜨거운지 확인한다.
- 잔이 차가우면 크레마가 경화(硬化)되어 빨리 검게 된다.

Note. 1. 필터홀더 뽑기
- 몸 쪽에서 왼쪽으로 45° 정도 돌리면 그룹헤드에서 필터홀더가 분리된다.
- 이때 필터홀더의 무게가 600g정도로 무겁다. 떨어뜨리지 않도록 주의 한다.

Note. 2. 물 흘려 버리기
- 과열된 물을 흘려 버리는 것이다.(기계구조참조)
- 그룹헤드 부위에 묻어있을 수 있는 찌꺼기를 버리는 것이다.
- 2~3초 정도면 충분하다.
- 흘려 보내는 물에 필터 바스켓을 청소하지 않는다.

Note. 3. 필터 바스켓 닦기
- 마른 행주를 이용해 닦는다.
- 물기나 찌꺼기의 유무에 관계없이 습관적으로 닦는다.
- 두껍게 잡으면 코너가 닦이지 않으므로 얇게 잡고 닦는다.
- 찌꺼기가 주위에 떨어지지 않도록 반드시 덤프박스 위에서 닦는다.

4. 거치대에 필터홀더 올리기
5. 그라인더 작동시키기

Note. 4. 거치대에 필터홀더 올리기
　　　 5. 그라인더 작동시키기
· 그라인더 거치대에 필터홀더를 올리면서 그라인더를 작동시킨다.

6. 레버 당겨 담기

Note. 6. 레버 당겨 담기
· 레버를 규칙적으로 당겨 바스켓에 커피파우더가 담기게 한다.
· 너무 빠르거나 느리지 않도록 한다.
· 레버를 당긴 다음 놓지 않고 손이 따라간다.
· 레버는 끝에서 끝까지 당겨야 격자가 작동된다.
· 포터필터를 회전시키면 고르게 담긴다.

7. 고르기

Note. 7. 고르기
· 그라인더를 정지시킨다.
· 포터필터에 평평하게 파우더가 담기도록 탬퍼의 뒷면이나 손으로 툭 툭 친다.
· 태핑을 할 때는 파우더가 부족한 방향을 친다.
· 바스켓의 가장자리와 파우더 높이가 같으면 양이 맞는 것이다.
· 버려지는 파우더는 덤프박스이든 더징챔버이든 상관없다.
· 더징챔버에 버리는 경우에는 스파웃이 챔버 경계를 넘지 않아야 한다.

8. 누르기

Note. 8. 누르기
· 스파웃에 이물질이 묻지 않도록 한다.
· 3kg정도의 압력으로 1차 템핑을 한다.
· 탬퍼가 수평이 되도록 노력한다.
· 13~15kg정도의 압력이 가해지도록 한다.
· 균형잡힌 자세가 되도록 한다.
· 탬퍼가 구르지 않도록 한다.

Note. 9. 가장자리 털어내기
· 가스킷과 접촉하는 면을 쓸어서 청소한다.
· 덤프박스 위에서 청소한다.
· 스파웃이 오염되지 않도록 한다.
· 붙지 않는다.
· 수평여부를 확인한다.

Note. 10. 장착하기
· 45°에서 몸쪽으로 90°가 되도록 돌린다.
· 장착시 헤드 주변과 충돌이 되지 않도록 한다.
· 너무 약하거나 힘껏 돌리지 않는다.
· 한 손으로 장착하는 것이 더 쉽다.
· 뒤쪽을 접촉시킨 후 앞쪽을 밀어 올리면 쉽다.

Note. 11. 추출버튼 누르기
　　　12. 잔 내려 받기
· 고열에 파우더가 노출되지 않도록 버튼을 누른다.
· 잔을 내린다.
· 잔의 가장자리에 비스듬하게 떨어지도록 한다.
· 낙차가 크지 않고 잔 바닥에 충격이 되지 않도록 해야 크레마가 보존된다.

Note. 13. 필터 홀더 뽑기
· 커피서브가 끝난 후 첫 동작과 같게 뽑는다.
· 떨어뜨리지 않도록 주의한다.
· 바스켓 내부의 쿠키상태를 점검한다. 물이 흥건하거나 홀이 생겼다면 투입량이 적거나 고르기가 잘못된 경우이다.

Note. **14. 물 흘려 버리기**
- 물 흘려 버리기를 통해 스크린 등에 묻어 있을 수 있는 찌꺼기를 제거한다.
- 공기와 접촉하면서 쉽게 경화되고 마르게 되어 다음 커피에 영향을 줄 수 있다.

Note. **15. 쿠키 버리기**
- 주변으로 커피물이 떨어지지 않도록 하면서 덤프박스에 "쿵"하고 부딪혀 털어낸다.
- 쿠키가 갈라지거나 물이 튀면 투입이나 고르기가 잘못된 경우일 수 있다.

Note. **16. 필터홀더 닦기**
- 필터홀더 내외부에 찌꺼기가 많다. 얇게 잡고 닦아 내면 된다.
- 심하게 오염된 경우에는 물 흘려 버리기와 같은 방법으로 물로 씻어 내어도 좋다.
- 가능한 물이 많이 묻지 않게 하는 것이 좋다.

Note. **17. 필터홀더 채워두기**
- 10번 동작과 같게 필터홀더를 채워둔다.
- 필터홀더는 항상 그룹헤드에 장착시켜두어야 온도가 유지되면서 다음 커피추출에 좋은 영향을 준다.
- 강하게 장착하면 팽창력 때문에 다음 1번 동작이 부자연스러워질 수 있다.

Influence to Extraction Time

구분	기준	under	over	control
투입량	14g	14g이하	14g이상	양조절
탬핑	14kg	14kg이하	14kg이상	힘조절
온도	92℃	92℃이하	92℃이상	기계적
추출압력	9bar	9bar이상	9bar이하	기계적
분쇄입자	0.3mm	0.3mm이상	0.3mm이하	입자조절
생산일	10일	오래된	최근	Q.C.
G-사용	팽창	가끔	연속	휴식
습도	실내	건조할수록	높을수록	입자조절
R-강도	Fullcity	약할 때	강할 때	입자조절

06

밀크 스티밍

밀크 스티밍 순서
스티밍의 온도변화
스팀드 밀크 다루기

밀크 스티밍 순서

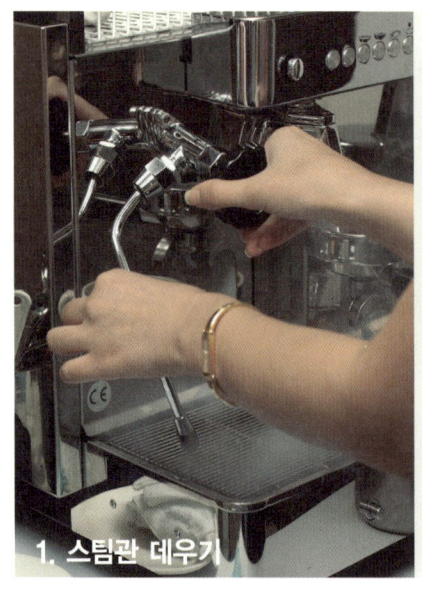

1. 스팀관 데우기

1. 스팀관 데우기

스팀관 데우기는 보일러 내부의 뜨거운 스팀이 차가운 관과 노즐을 통과할 때 생성되는 수분을 제거하기 위한 과정이다. 이 과정 없이 바로 스팀에 들어가면 비린내가 나는 커피가 되기 쉽다.

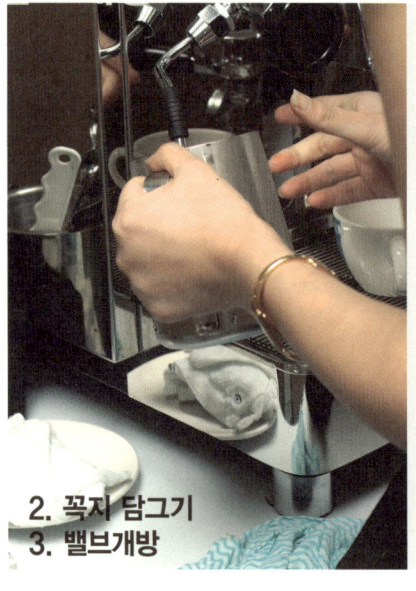

2. 꼭지 담그기
3. 밸브개방

2. 꼭지 담그기

스팀노즐 부분만 담궈 스팀을 시작함으로써 우유가 차가운 상태에서 즉시 밀크폼(Milk Foam)를 만들어 내기 위해 꼭지 부분(약 1cm)만 담근다.

3. 밸브개방

밸브개방은 사용하는 머신에 따라 턴(Turn) 방식과 업다운(Updown) 방식이 있다. 턴 방식은 스팀이 나오기 시작하는 시점에서부터 180° 이상 개방하면 오프시 스팀피쳐(Steam Pitcher)가 흔들려 고르지 못한 거품이 생길 수 있으므로 주의해야 한다.

4. 스팀 막대 닦기

스팀을 먼저 빼고(5번 동작) 스팀 막대를 닦게 되면 우유가 접촉된 부분이 마르게 되어 잘 닦이지 않게 된다. 따라서 비위생적인 요인을 제거하기 위해서는 먼저 스팀 막대를 닦는 것이 좋다. 또한 스팀을 닦을 때는 스팀 전용행주를 이용해 폭을 넓게 잡아 좌우로 회전하며 닦아준 후 위아래로 닦아 주는 것이 좋다. 만약 위아래로 닦기를 너무 힘주어하게 되면 스팀 막대의 연결부분이 조금씩 마모되어 분리되거나 막대가 빠지는 경우도 있게 되므로 상하로 닦아 줄 때는 한 손으로 고정한 상태에서 관절부분에 무리가 가지 않도록 닦아주는 것이 좋다.

5. 스팀과 함께 우유제거

스팀 막대는 메뉴를 만들기 전에 스티밍 종료와 함께 즉시 닦아주어야 한다. 즉시 닦아주지 않게 되면 약 2년 정도 후 온도에 의한 기압차로 보일러 내부에 우유찌꺼기가 덮혀 센서류가 정상작동하지 못하게 되며, 부패된 우유에 의해 물맛이 좋지 않게 된다.

스티밍의 온도변화

스티밍의 온도 변화는 p.78~79 「밀크 스티밍 순서」의 3번과 4번 사이에서 일어나는 변화를 설명하는 내용이다. 이론상으로는 간단하고 쉽다. 하지만 실제로는 많은 연습을 통해 부드러운 밀크 폼을 만들어 내야 한다. 최근 들어 우유를 이용한 메뉴들이 강세를 띠는데, 라떼아트까지 연습하려고 하면 가장 중요한 부분이 바로 스티밍하는 과정이다.

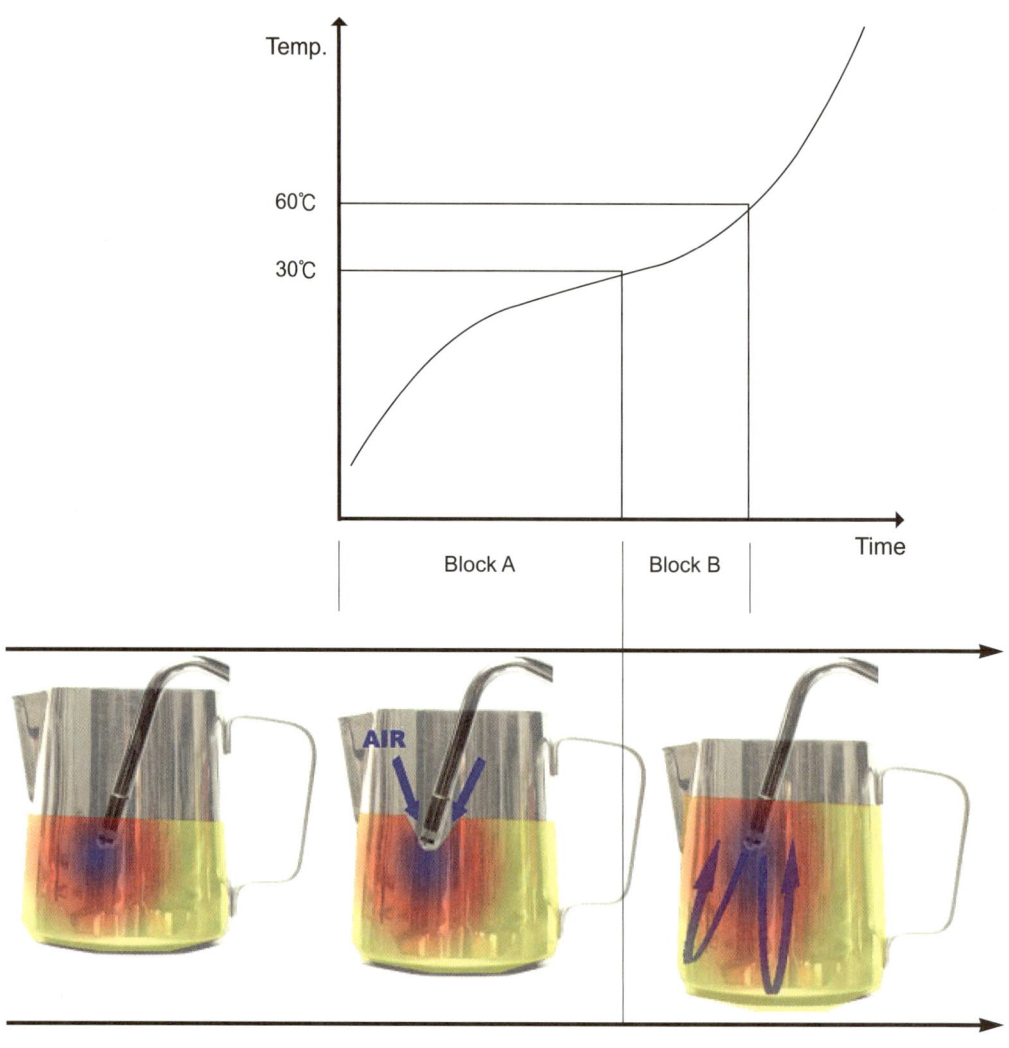

스팀드 밀크 다루기

밀크 스티밍에서 중요한 기술 중 놓치기 쉬운 것이 고르기이다. 고르기는 일반적으로 쉐이킹(Shaking)이라고도 하며, 스팀드 밀크(Steamed Milk)를 스팀피쳐 내에서 원을 그리며 돌려줌으로써 밀도차에 의해 층(Layer)이 생성되는 것을 방지하고 밀크폼과 밀크를 혼합시켜 바리스타가 콘트롤하기 쉽도록 하는 밀크폼 콘트롤 방법의 하나이다. 여기에 p.80의 「스티밍의 온도변화」 그래프의 블록 A에서 공기가 주입되면서 큰 거품이 형성되고 블록 B에서 미처 정리되지 않은 큰 거품을 제거하는 방법으로 태핑(Tapping)이 있다. 태핑은 에스프레소 추출의 태핑과 마찬가지로 툭툭치는 동작을 반복하여 기포를 제거하는 방법이다.

쉐이킹과 태핑은 바리스타가 우유를 다룰 때 사용하는 중요한 기술이므로 숙달되도록 계속 연습해야만 쉽고 빠르게 우유를 컨트롤할 수 있게 된다. 특히 쉐이킹을 통해 우유에 포함된 밀크폼의 양을 측정할 수 있고 컨트롤 여부를 판단할 수 있기 때문에, 쉐이킹을 하는 경우에는 항상 밀크폼의 중앙부와 가장자리의 유기적인 흔들림에 유의해야 하며 밀크 표면이 반짝이면서 촉촉한 느낌이 들도록 해야 한다. 이러한 밀크폼을 표현하는 단어로는 Froth Milk, Micro Bubble, Velvet Milk 등이 있다.

1. 밀크 스티밍

- 우유는 3℃ 정도에 가까울수록 스팀된 우유의 품질이 좋아질 확률이 높다. 따라서 우유는 항상 차가운 상태를 유지해야 한다.
- 유지방 함량이 높으면 스팀된 우유의 품질이 좋아질 확률이 높다.
  국내에서는 우유의 유지방 함량에 따라 3.5% 정도가 함유된 것이 보통이다.

스팀 막대나 핫 워터용 레버 사용법 : 회전형 레버를 가진 머신은 대부분 시계방향으로 끝까지 돌려 잠글 수 있다. 이때 다시 시계반대방향으로 돌려보면 일정공간을 회전하는 동안 (대략 한바퀴) 스팀은 나오지 않고 그냥 돌아갈 것이다. 계속 돌리다보면 스팀이 배출되는 순간이 있고 여기서부터 시계반대방향으로 계속 돌리면 스팀의 강도가 달라지면서 끝까지 돌아간다. 레버를 사용함에 있어 중요한 부분은 스팀이 발생되는 순간이 어느 부분에서부터인지를 아는 것이다. 스팀의 발생과 멈춤이 바뀌는 지점이 레버의 안쪽출구를 담당하는 부품이 스팀을 제어하는 순간이기 때문이다. 만약 지금까지 스팀레버를 끝까지 시계방향으로 돌려 사용하였다면 습관을 바꾸는 것이 좋다. 스팀이 바뀌는 공간부터 끝까지 잠기는 공간은 스팀레버(고무)의 수명을 보호하기 위한 완충공간(유격)이기 때문이다. 완충공간은 말 그대로 제품을 오랫동안 사용하고 제품을 보호하기 위한 공간이기 때문에 필요이상으로 끝까지 잠그는 것은 머신에 좋지 않다. 스팀이 멈추는 순간, 더 이상 머신의 스팀레버를 잠글 필요가 없다.

2. 스티밍 연습하기

Step 1. 우유는 차가운 상태에서 스티밍해야 한다. 따라서 냉장보관된 우유를 사용해야 한다.

Step 2. 스팀피쳐 역시 차갑게 냉장 보관된 것을 사용하도록 한다. 스팀피쳐는 매장에서는 1600㎖이나 1000㎖를 이용하기도 하지만 연습시에는 600㎖용을 이용하면 가장 무난한 연습이 된다. 꼭 연습뿐만 아니라 라떼나 카푸치노 2잔을 만들 수 있는 양이므로 가장 범용적으로 사용할 수 있는 스팀피쳐이기도 하다.

Step 3. 머신의 스팀꼭지가 우유의 1cm정도만 담기도록 하고 밸브를 돌려 밀크 스티밍을 시작한다. 이때 스팀압력이 충분히 분출되어야 품질좋은 밀크폼을 만들 수 있다. 따라서 스팀이 나오기 시작한 지점에서 90~150° 정도 돌려주면 좋다.

Step 4. p.80의 「스티밍의 온도변화」 그래프의 블록 A에 해당하는 온도까지는 "칙칙"하는 외부공기 주입소리가 나도록 청각을 이용해야 하며, 우유가 소용돌이처럼 자연스럽게 회전하며 공기가 주입되도록 해야 한다. 만약 공기주입이 너무 과한 경우에는 블록 B에서 넘칠 수 있으므로 주의해야 한다.

tip 1 : 밀크 스티밍 시 스팀 막대의 위치는 편리한 곳에 놓고 시작하면 되지만 막대의 각도가 되도록 세워지게 하면 회전을 시키는 데 도움이 된다.

tip 2 : 스팀 막대를 세우는 대신 스팀피쳐를 바리스타 쪽으로 약 10° 정도 기울이면 컨트롤 되는 것을 눈으로 확인할 수 있을 뿐만 아니라 우유를 회전시키기에도 좋다.

tip 3 : 만약 머신의 왼쪽 스팀 막대를 이용한다면 왼손으로 스팀피쳐를 잡고 오른손으로 스팀레버와 피쳐의 온도를 감지하는 것이 좋다. 이때 오른손은 공중에 떠 있는 상태보다는 드립 트레이(Drip try)에 올리거나 머신에 기대면서 고정시키는 것이 도움이 된다.

tip 4 : 스팀피쳐의 온도 감지는 손가락을 계속 접촉시킨 상태로 확인하는 것보다는 떼었다 붙였다를 반복하면서 감지하는 것이 효과적이다.

3. 우유 위생

우유가 쉽게 상하는 음료라는 것은 누구나 잘 알 것이다. 특히, 한번 스팀으로 열처리된 경우에는 더욱 쉽게 상하게 된다. 따라서 우유를 가공하는 모든 기구와 도구들은 깨끗이 사용되어야 한다.

첫째, 가장 많이 사용하는 스팀 행주이다. 스팀 행주는 그 특성상 하루 시작시 가장 깨끗한 행주를 선택해야 한다. 실제 위생상태뿐만 아니라 시각적으로도 깨끗해 보여야 하기 때문이다. 행주는 사용시 중간중간 흐르는 물에 씻어 주어야 한다. 시간상으로는 30분에 1회씩 씻어 주어야 위생상태를 유지할 수 있다.

둘째, 스팀 행주는 스팀 막대 외에는 다른 어떤 것도 닦지 말아야 한다. 기계나 바닥을 닦게 된 경우에는 다른 행주로 교체하는 것이 바람직하다. 또한 전용트레이를 이용해 행주의 이동을 막는 것도 좋은 방법이다.

셋째, 스팀 행주는 업무 종료 시 소독세제를 이용해 깨끗한 상태로 만들어야 하는데 이때 일반 세제를 이용하는 경우에는 스팀 시 세제냄새가 강하게 나게 되고, 우유에도 이 냄새가 베이는 경우가 있다. 따라서 냄새가 없는 세제를 이용해 스팀 행주를 소독해야 한다.

넷째, 스팀피쳐는 1회 사용 후 즉시 세척해서 냉장실에 보관해두어야 한다. 우유가 약간씩 남았다고 해서 이곳에 다시 부어 우유를 스팀하게 되면 맛과 향, 그리고 거품의 품질이 현저히 떨어져 음료의 전체적인 품질이 떨어지게 되기 때문이다. 물론 위생적인 면에서도 유익할 수는 없을 것이다.

다섯째, 스팀 후 우유양이 과도하게 남아 냉장실에 보관하게 되는 경우일지라도 30분이상 보관하는 것은 좋지 않다. 우유는 한번 스팀되고 나면 다시 차가운 우유의 상태로 돌아가지 않기 때문에 다시 스팀한다고 해서 처음 스팀할 때와 같은 품질이 나오지 않기 때문이다. 우유의 사용량을 정확히 측정하여 사용하는 습관을 기르는 것이 매우 중요한 것도 이 때문이다.

우유를 정확히 측정하여 사용하는 것을 1석4조라고 부른다. 그 이유는 먼저 우유양을 정확히 사용함으로써 손실률을 최소할 수 있다. 카푸치노 한 잔의 원가 중 가장 많은 비율을 차지하는 것이 우유라는 점도 기억해 둘 필요가 있다. 두 번째, 남은 우유를 다시 사용하지 않게 되어 위생적이다. 세 번째, 신선한 우유를 사용하게 됨으로써 음료의 맛과 향이 좋은 상태를 유지한다(품질관리). 네 번째, 버려지는 우유양을 다시 물로 만드는 데에는 버려지는 우유양의 1만 배 정도의 물이 필요하게 된다. 따라서 우유가 버려지지 않게 하는 것이 환경오염을 방지하는 방법이기도 하다.

07

로스팅

로스팅이란?
안전한 로스팅
로스터
커피 로스터 표준 가동법
그린 커피 vs. 로스티드 빈
디팩트 빈 골라내기
디팩트 빈의 등급분류
물리화학적 변화
생두와 로스팅된 커피의 화학적 조성
로스팅 단계
로스팅 그래프
로스팅 포인트
로스팅 방법
로스팅 단계의 결정

로스팅이란?

커피를 로스팅(Roasting)한다는 것은 생두에 열을 가하여 볶은 상태로 만드는 것을 말한다.

그린 빈(Green Bean) 상태에서는 커피로서의 맛과 향을 전혀 갖추고 있지 않으며 로스팅 과정을 거쳐야만 제 맛을 내게 된다. 따라서 그린 커피는 로스팅 과정을 통해 물리적, 화학적 과정을 거치게 되고 이때 분해와 열 변화 그리고 화합과정을 거쳐 커피가 내뿜게 되는 맛과 향을 가지게 된다.

단순히 로스딩을 과학적으로 설명한다면 이 정도의 내용이면 충분하다고 할 수 있을 것이다. 하지만 로스팅은 다시 여기에 감각적인 식음료 문화가 혼합되어 각 국가와 각 지역에 따라 로스팅에 대한 단계나 맛과 향에 대한 선호도가 달라지게 된다. 그러나 정작 로스팅은 같은 국가의 생두라 하더라도 생두의 품종, 생두의 등급(크기뿐만 아니라 손상생두의 수까지 포함), 생두의 수확시기, 산지의 고도, 수분함유량, 수확처리방법(=정제방법), 생두의 보관방법 그리고 로스터의 형태에 따라 로스팅에 따른 열변화가 다르게 일어나게 되어 통일되거나 일률적인 로스팅 진행이나 포인트가 결정되는 것은 아니다. 따라서 로스팅은 늘 새로운 생두를 대하는 것처럼 판단해야 한다.

반열풍식과 직화식 로스터는 크게, 그린 커피를 공급하는 호퍼(Hopper)와 로스터가 진행되는 드럼(Drum) 그리고 화력장치, 냉각기(Cooler)와 집진장치로 구별할 수 있다.

호퍼에는 개폐를 통해 생두가 공급되도록 컨트롤하는 핸들이 부착되어 있으며 투입된 생두가 어느 정도까지 로스트가 진행되었는지를 확인할 수 있는 창(Window)이 있다. 그러나 창을 통해 커피의 상태를 확인하는 것은 실제 로스트 되고 있는 상태보다 유리를 통해 커피를 관찰하는 것이므로 더 어둡게 보이기 때문에 실제 로스트 단계를 확인할 수 있는 트라이어(Trier)가 따로 부착되어 있다. 즉, 창을 통해서 대략의 로스트 정도를 확인하고 트라이어를 통해 정확한 로스트 정도와 향을 확인한다고 하면 좀 더 정확한 설명이 될 것이다.

안전한 로스팅

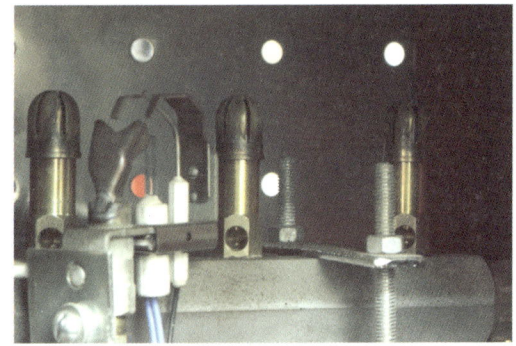

커피를 볶는 과정은 일면으로는 전문화되고 향기와 맛을 만들어 내는 아주 매력적인 과정임에는 틀림없다. 그러나 다른 일면에는 아주 무서운 부분이 숨어 있다는 점을 잊지 말아야 한다. 로스터(Roaster)에는 위험한 요소가 3가지 있는데 먼저는 화상이다. 생두는 200℃내외의 온도를 통해 볶는 과정을 거치게 되는데 필연적으로 드럼 주위와 열원 주변 그리고 배기관이 매우 뜨거운 상태에 놓여 있게 되며 로스팅이 끝난 이후에도 매우 조심해야 한다.

주의해야 할 두 번째 위험요인은 화재이다. 로스터는 생두를 볶는 과정에서 실버스킨과 먼지 등이 집진장치(Collection Drawer)에 떨어지게 되고 자주 청소해주지 않으면 이곳에 불이 붙게 된다. 특히, 배기관의 경우 미세먼지가 계속적으로 쌓일 수밖에 없다. 만약 배기관에 쌓인 미세먼지에 불이 붙는 경우에는 소화가 불가능할 만큼 강한 화력으로 불이 붙게 되고 로스트 머신의 쿨링모터나 동력모터를 불태우는 등 심각한 위험에 노출될 수 있다. 따라서 로스트 머신은 정기적으로 집진장치와 배기관 그리고 쿨링모터 주변을 청소해 주어야만 한다. 따라서 로스터를 설치할 때에는 주변에 화재의 위험이 있는 구조물이나 물건을 두지 말아야 하며, 벽과 로스터 사이도 30cm 이상 공간을 확보하여야만 안전한 로스팅을 할 수 있다.

마지막으로 주의해야 할 점은 가스 안전이다. 커피로스터는 도시가스나 LPG를 이용하는 형태가 가장 일반적이다. 이러한 가스는 특히, 안전장치와 밀접한 관련이 있으며 로스터를 구입할 때에는 항상 안전장치의 유무를 확인해야 한다.

위 그림은 가스 안전 센서(Gas Safety Sensor)가 버너에 점화여부를 체크하여 가스 안전 컨트롤러(Gas Ssafety Controller)의 가스밸브를 열 것인지 닫을 것인지를 결정하는 장치이다. 만약 로스터에 이러한 안전장치가 되어있지 않은 경우에는 점화가 되지 않은 상태에서 가스가 계속 공급될 수 있으며 이러한 상태에서 다시 점화를 시도하는 경우 흘러나온 가스에 의해 화상을 입을 수 있다.

로스터

1. 로스터의 종류

구분	모양	장점	단점	용도
반열풍형		규모가 적당하고 고른 로스팅이 가능하다.	열풍형에 비해 고르지 않고 직화형에 비해 열효율이 떨어진다.	전세계적으로 업소에서 가장 많이 사용된다.
열풍형		로스팅 시간이 빠르고, 고른 로스팅이 가능하다. 시각적으로 로스팅의 진행을 확인할 수 있다.	전력소모가 많고 생산규모에 비해 면적이 많이 필요하다.	공장 또는 가정용으로 사용된다. 업소용으로는 아직 미흡하다.
직화형		열효율이 좋고 냉각 속도가 빠르다.	다른 방식에 비해 고른 로스팅이 까다롭다.	일본을 위주로 한 업소에서 많이 사용된다.

2. 반열풍식 로스터의 구조

커피 로스터 **표준** 가동법

1) 설정(Set) 버튼을 누른 상태에서 온도를 200℃로 맞춘다.
2) 가스밸브를 연다.
3) 머신을 온(On) 상태로 켠다.
4) 공기조절기를 50% 개방한다.
5) 호퍼 핸들(Hopper Handle)를 열고 닫기를 2회 한다.
6) 트라이어(Trier)를 아래쪽으로 향하게 만든다.
7) 20초 동안 드럼 도어(Drum Door)를 열어 둔다.
8) 냉각 트레이(Cooling Tray)에 원두나 이물질이 남아있지 않도록 청소한다.
9) 점화여부를 확인한다. 만약 점화가 되지 않았다면 On/Off 스위치를 한번 껐다 켠다.
   (예열시간 - 최소 여름철 20분, 겨울철 30분을 유지한다.)
10) 화력을 보면서 70~80%의 화력만을 유지한다.
11) 로스팅할 그린 커피를 저울로 약 2,550g을 측정한다.
12) 핸드피킹(Handpicking)과 블랙라이팅(Blacklighting)을 통해 손상원두를 제거한다.
13) 습도계를 통해 그린 커피의 습도를 점검하여 11%인지를 확인한다.
14) 준비된 그린 커피를 저울을 통해 정확히 2500g을 맞춘다.
15) 공기조절기를 100%로 개방한다.
16) 호퍼에 그린 커피를 올린 후 온도가 200℃가 되면 핸들을 조작하여 그린 커피를 투입하고 닫는다.
17) 투입 후 타이머를 작동시킨다.
18) 화력을 100%로 증가시킨다.
19) 온도계의 온도가 190℃가 되면 화력을 80%로 감소시킨다.
20) 온도계의 온도가 200℃가 되면 설정 버튼을 누른 상태에서 205℃가 되도록 한다.
21) 205℃에 이른 후 2분이 경과한 후 스위퍼(Sweefer)를 작동시킨다.
22) 드럼 도어를 열어 원두를 모두 냉각 트레이에 모은다.

23) 온도계를 다시 190℃에 맞추고 타이머를 0으로 리셋한다.
24) 냉각기의 원두가 차갑다고 느껴질 때 배출구(Release Door)를 열어 원두를 다른 곳에 담는다. 이때 원두의 산지명과 로스팅 일자를 기록해서 원두가 구별되도록 한다.
25) 새로운 그린 커피를 다시 1번부터 시작한다.

그린 커피 vs. 로스티드 빈

그린 커피(Green Coffee)

로스티드 빈(Roasted Bean)

디펙트 빈 골라내기

디펙트 빈(Defects Bean)

손상된 생두는 수확 단계는 물론, 운반 또는 보관상의 잘못까지 전반적인 상황에서 발생할 수 있다. 수출 전 핸드 픽(Hand Pick)을 통해 수출자가 손상된 생두를 선별해서 수출하기는 한다. 하지만 로스팅 전 로스터가 최종적인 점검을 통해 로스팅한 생두에 대해 책임을 져야 한다. 여기서는 손상된 생두의 형태를 알아보고 핸드 픽을 통해 손상생두를 골라내는 과정을 학습한다.

Dried cherry/pods 건체리

[맛에 미치는 영향] 발효된 맛과 곰팡이 맛이나 페놀릭(약품) 맛

[다른 것에 미치는 영향] 생두의 외관에 악영향을 미친다.

[원인]

● 가공 : 워시드커피의 경우, 펄핑 작업을 잘못했거나 커피체리를 처음에 물에다 넣을 때 마른 커피체리나 체리 꼭지를 제거하지 못해서 생긴다. 유지 보수비용이 없거나 재정이 어려울 경우 발생한다. 내추럴 커피의 경우 잘못된 탈곡이나 분류 때문에 생긴다.

● 농장 : 가뭄이나 나무가 질병에 걸렸을 경우, 커피체리는 나무에 달린 채 말라버릴 수 있으며 결국 땅에 떨어져 버린다.

[대처법]

● 농장 : 마른 커피체리를 땅에 떨어져 있던지, 나무에 달려 있어도 수확하지 않는다.

● 가공 : 탈곡기계는 마른 커피체리가 있을 경우 효과적으로 사용할 수 없다. 탈곡기계를 늘려서 탈곡기계에 들어가는 마른체리의 수를 줄인다. 아울러, 커피체리 꼭지는 건조과정에서 분류할 수 있다.

[특징]

마른 커피 펄프가 생두의 일부분, 또는 전체적으로 있으며 때로는 가루같은 것이나 하얀 점이 있다. 이러한 것들은 커피의 맛과 커피의 모양에 영향을 준다.

Hull/husks 먼지 형태의 불순물

[맛에 미치는 영향] 곰팡이, 흙내, 페놀 맛

[다른 것에 미치는 영향] 로스팅할 경우 스팅이 되거나 타버린다.

[원인] 내추럴 커피의 잘못된 탈곡이나 선별과정

[대처법]

● 농장 : 없음

● 가공 : 펄핑기계

[특징] 짙게 붉은 색을 띤 마른 펄프조각

Black Bean 검게 변한 생두

[partial black] 부분적으로 검은색

[full black] 전체적으로 검은색

[맛에 미치는 영향] 악취를 풍기며 텁텁해지고 안좋은 신맛, 석탄, 발효, 곰팡이 맛이 난다.

[다른 것에 미치는 영향] 오크라 독소에 감염될 수 있다.

[원인] 비료 속 미생물에 의해 생긴다.

[대처법]

● 농장 : 잘 익은 커피체리만 수확하고 너무 많이 발효되지 않도록 한다.

● 가공 : full black bean은 파치먼트가 제거되지 않아도 알 수 있다. 일반 생두보다 작거나 밀도가 낮으므로 밀도 분류기로 제거할 수 있다. 확실히 제거하려면 손으로 직접 골라내거나 기계를 사용하면 된다.

[특징] 색으로 구분할 수 있다.

Insect damage 벌레먹은 생두

[severe insect damage] 심하게 벌레 먹은 생두

[slight insect damage] 부분적으로 벌레 먹은 생두

[다른 것에 미치는 영향] 지저분한 맛, 곰팡이, 좋지 않은 신맛

[다른 것에 미치는 영향] 로스팅 시 정상적인 콩보다 짙은 로스팅

[원인] 벌레의 공격

[특징] 해충이 지름 0.3~1.5mm의 구멍을 한 개나 여러 개 뚫어 놓은 콩

Parchment 파치먼트(껍질)
[맛에 미치는 영향] 없음

[다른 것에 미치는 영향] 로스팅 시 발화 위험

[원인] 불완전한 탈곡

[특징] 건조한 파치먼트가 완전히 또는 부분적으로 감싸고 있는 콩

Withered beans 수분이 거의 증발한 상태의 생두
[다른 것에 미치는 영향] 풀 내, 잡초 맛

[원인] 성장기간 동안의 부족한 수분 공급

[특징] 주름지고 작은 기형 콩

Broken, chipped, cut broken at dry/wet mill 가공 중 부서진 생두
[맛에 미치는 영향] 발효된 맛, 좋지 않은 신맛, 흙내

[다른 것에 미치는 영향] 로스팅 시 고르지 않은 로스팅

[원인] 잘못된 펄핑 과정, 잘못된 탈곡과정

[특징] 깨진 콩이나 콩 조각

Shells
[맛에 미치는 영향] 탄맛, 쓴맛

[다른 것에 미치는 영향] 로스팅 시 발화위험, 불균형한 로스팅, 색깔이 더 짙고 잘 부서진다.

[원인] 유전적 원인

[특징] 얇은 껍질의 조개나 귀 모양의 기형 콩

Foreign matter 외부 이물질 (sticks, stones 막대기, 돌)
[맛에 미치는 영향] 외부 이물질에서 나온 오염물질은 생두의 맛을 죽인다.

[다른 것에 미치는 영향] 생두의 모양과 로스팅기계, 건강에 해롭다.

[원인] 가공과정 중

[대처법]

● 농장 : 없음

● 가공 : 외부 이물질을 없애는 방법

   a. 수확 중에 나뭇가지나 잎사귀가 들어가지 않도록 조심한다.

   b. 커피체리를 말릴 때 돌, 나뭇가지. 손톱 등 외부 이물질이 들어가지 않도록 한다.

   c. 건조공장에서 석발기나 자석을 이용해 외부 이물질을 없앨 수 있다.

[특징] 외부 이물질은 커피에 포함되지 않는 종류로 나뭇가지나 돌, 손톱과 같이 생두의 모양에 악영향을 미치고 생두의 가공이 대충 되었으며 등급이 낮음을 의미한다. 그라인더에 손상을 줄 수도 있다.

Sour bean

[full sour] 전체적으로 옐로우-브라운 색

[partial sour] 부분적으로 옐로우-브라운 색

[맛에 미치는 영향] 발효된 정도에 따라 악취를 풍기고 발효된 맛과 안좋은 신맛이 생긴다.

[다른 것에 미치는 영향] 생두가 노란색으로 변한다.

[원인] 생두를 수거 및 처리하는 동안 여러 지점에서

미생물 오염에 의해 발생한다. 특정원인 중에는 너무 익은 체리 또는 장시간 땅에 떨어져 있던 커피체리를 수확 했을 때, 하수처리할 때, 나무 아래가 너무 습하여 커피를 따기 전에 발효가 많이 되어 생긴다.

[대처법]

● 농장 : 잘 익은 커피 체리를 수확하고 (너무 익은 체리 제외) 떨어져 있는 체리는 수확하지 않는다. 호수나 강 근처, 고도가 낮은 지역, 댐 근처에서 재배하지 않는다.

● 가공

   a. 정확한 시기에 맞추어 커피체리의 과육을 제거한다. (커피체리 수확 즉시 창고에 장시간 보관하지 않는다)

   b. 물로 세척한 생두는 발효탱크에서 정확한 시간에 맞추어 발효를 한다.

   c. 생두 세척과정에 오염된 물이나 재사용되는 물을 사용하는 것을 피한다.

   d. 정확한 시기에 생두를 건조시키며 중간에 중단시키지 않는다.

   e. full sour는 파치먼트가 제거되면 분명하게 들어나므로, 핸드픽이나 색깔분류기로 분류할 수 있다.

콩의 특징 : sour bean은 노란색이나 황갈색, 붉은 갈색을 띈다. 일반적으로 콩 속이 어둡거나 검정색을 띈다. 잘리거나 흠집이 있는 생두는 좋지 않은 신 향이나, 식초냄새가 난다. 로스트 되어 갈은 full sour bean은 커피 맛 전체에 나쁜 영향을 준다.

White bean(floater)

[맛에 미치는 영향] 발효된 맛, 잡초 및 풀 맛, 흙내, 곰팡이 내
[다른 것에 미치는 영향] 로스팅 시 거무스름한 색, 내부가 덜 익음
[원인] 올바르지 않은 보관이나 건조
[특징] 하얗거나 색이 바랜 콩

Immature bean 미성숙 두

[맛에 미치는 영향] 떫은 맛
[다른 것에 미치는 영향] 로스팅 시 평균보다 느리고 불균일한 로스팅, 옅은색
[원인] 익지 않은 상태에서 수확
[특징] 은피가 단단히 붙어 있으며 콩이 오목하고 크기가 작고 끝이 날카로움

Fungus damage 곰팡이 손상

[맛에 미치는 영향] 발효된 맛, 곰팡이 맛, 석탄 맛, 텁텁한 맛
[다른 것에 미치는 영향] 오크라 독소 감염될 수 있다.
[원인] 농장 및 가공 중에 생긴다. 곰팡이 빈은 일반적으로 누룩, 페니실리움, 푸사리움에 의해 생기는 어떤 균에 의해 감염되는지의 여부는 생두를 보관해 두는 곳의 습도와 온도에 따라 달라진다. 각 균들의 성장 조건이 다르기 때문이다.

[대처법]
● 농장 : 커피가 자라는 습한 온대지방에서는 곰팡이류 균들이 번식하기에 적합하여 곰팡이 포자의 발원지를 찾아 포자가 퍼지는 것을 막아야 한다. 땅에 떨어져 있는 커피 체리를 줍거나 벌레로 인한 생두손상, 수확자루나 건조 탱크에 남아있던 생두 때문에 생긴다.
● 가공 : 습식공장과 건조공장에서 감염된 생두를 없앨수있다. 감염된 생두는 커피체리의 과육을 벗기던 중에 생두가 잘리거나 부서질 경우, 지나친 발효탱크에 남아 있었거나, 늦은 건조과정, 벌레가 생두를 먹었거나, 높은 습도와 온도에서 파치먼트를 보관할 경우 생긴다.
[특징] 보통 노란색이나 적갈색을 띄는 가루 같은 곰팡이 포자에 의해 생기는데 이 포자는 생두전체를 뒤덮을 때까지 자란다. 이 생두에서 자란 다른 곰팡이 포자가 다른 곰팡이 포자가 다른 생두에게 퍼져 다른 생두도 오염시킨다.

디펙트 빈의 등급분류

Green Coffee Quality Test

Green Coffee Sample		Defects bean/350g			
품종		Category1	Full Defect Equivalents	샘플발견	350g환산
국가		Full Black	1		
산지		Full Sour	1		
등급		Dried Cherry/Pod	1		
크기		Fungus Damaged	1		
결점두		Severe Insect Damage	5		
수입사		Foreign Matter	1		
수확년월		Category 2			
가공법		Partial Black	3		
건조법		Partial Sour	3		
입고일		Parchment	5		
수분율		Floater	5		
사이즈		Immature/Unripe	5		
over 20		Withered	5		
20-19		Shell	5		
18-17		Broken/Chipped/Cut	5		
16-15		Hull/Husk	5		
14-13		Slight Insect Damage	10		
under 13		Roast Uniformity			
Peaberry		Quakers per 100g			
		Green coffee Odor		정상	
		점수			0
		등급			1등급
의견					

*SCAA Full Defect가 되기 전에 포함하지 않는다.

물리화학적 변화

1. 물리적 변화

생두는 물리적으로 컬러와 크기 그리고 수분함유량 등이 로스팅 과정을 통해 변화하게 된다.
- 컬러는 그린에서 검은색으로 명도가 낮아진다.
- 크기는 생두일 때를 기준으로 150~180% 정도 커지게 된다.
- 수분함유량은 12% 내외에서 1% 내외로 낮아지게 된다.

로스팅의 강도에 따라 또한 로스팅의 기법에 따라 이러한 물리적 변화요인은 변동된다.

2. 화학적 변화

생두는 물리적인 변화와 함께 화학적인 변화를 통해 맛과 향을 품게 된다.

특히 카페인보다는 당(糖)의 변화에 의해 커피의 맛과 향이 많이 달라지게 된다는 점이 특이한 점이라 할 수 있다. 즉 설탕성분의 변화가 맛에 많은 영향을 주게 된다.

설탕에 열을 가하면 황색의 소스처럼 변해가는 현상을 보게 되는데 이러한 현상이 로스팅 시에도 일어난다고 생각하면 된다. 생두의 셀(Cell)이 확장되면서 수분과 기화성분이 날아가고 당 성분 등이 녹아 고르게 퍼져나가게 되며 이에 따라 성분들이 미묘하게 차이 나기 시작하면서 맛과 향이 변하게 된다.

생두와 로스팅된 커피의 화학적 조성

자료출처 : THE CHEMISTRY OF QUALITY, ISBN 0-12-370670-X

(% dry matter)

COMPONENT	ARABICA		ROBUSTA	
	GREEN	ROASTED	GREEN	ROASTED
Caffeine	1.2	1.3	2.2	2.4
Trigonelline (including roasted by-products)	1.0	1.0	0.7	0.7
Proteins and amino acids				
> proteins	9.8	7.5	9.5	7.5
> amino acids	0.5	0	0.8	0
Sugars				
> sucrose	8.0	0	4.0	0
> reducing sugars	0.1	0.3	0.4	0.3
> other sugars	1.0	No data	2.0	No data
> polysaccharides	49.8	38.0	54.4	42.0
Acids				
> aliphatic	1.1	1.6	1.2	1.6
> quinic	0.4	0.8	0.4	1.0
> chlorogenic	6.5	2.5	10.0	3.8
Lipids (Caffeol)	16.2	17.0	10.0	11.0
Caramelization and condensation products (by difference)		25.4		25.9
Volatile aroma	traces	0.1	traces	0.1
Minerals (as oxide ash)	4.2	4.5	4.4	4.7
Total	100.0	100.0	100.0	100.0
Water	8~12	0~5	8~12	0~5

로스팅 단계

Level	Agtron	Neotec No.	Color
Light Roast	95	125	
Cinnamon Roast	85	115	
Medium Roast	75	105	
High Roast	65	95	
City Roast	55	85	
Fullcity Roast	45	75	
French Roast	35	65	
Italian Roast	25	55	

한국에서는 실제 미디움(Medium)에서 풀시티(Fullcity)까지 4단계 정도에서 로스팅 단계를 결정한다. 따라서 로스팅 시에는 정신을 집중해서 확인해야 하며 전문가들은 로스팅 단계의 중간단계도 사용하여 산지별 원두를 최대한 끌어올리게 된다.

로스팅 그래프

1. 로스팅 그래프

로스팅 그래프는 처음 접하는 그린 커피를 어떻게 로스팅해야 가장 우수한 로스팅 포인트가 될 것인가를 찾아가기 위해 만들어진 경우의 수를 먼저 단순화한 다음, 합리화하는 것을 목적으로 만들어진 것이다. 따라서 이 그래프와 표를 이해함으로써 로스팅에 접근하는 방법을 숙달하여 공급된 생두의 로스팅 포인트를 쉽게 잡아갈 수 있을 것이다.

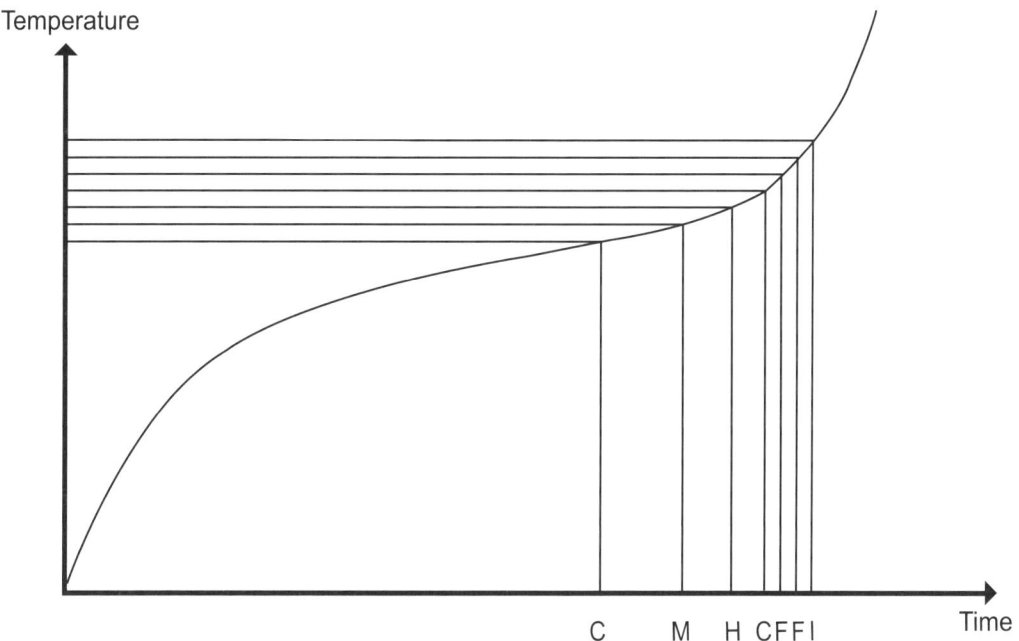

2. 로스팅 포인트 구역

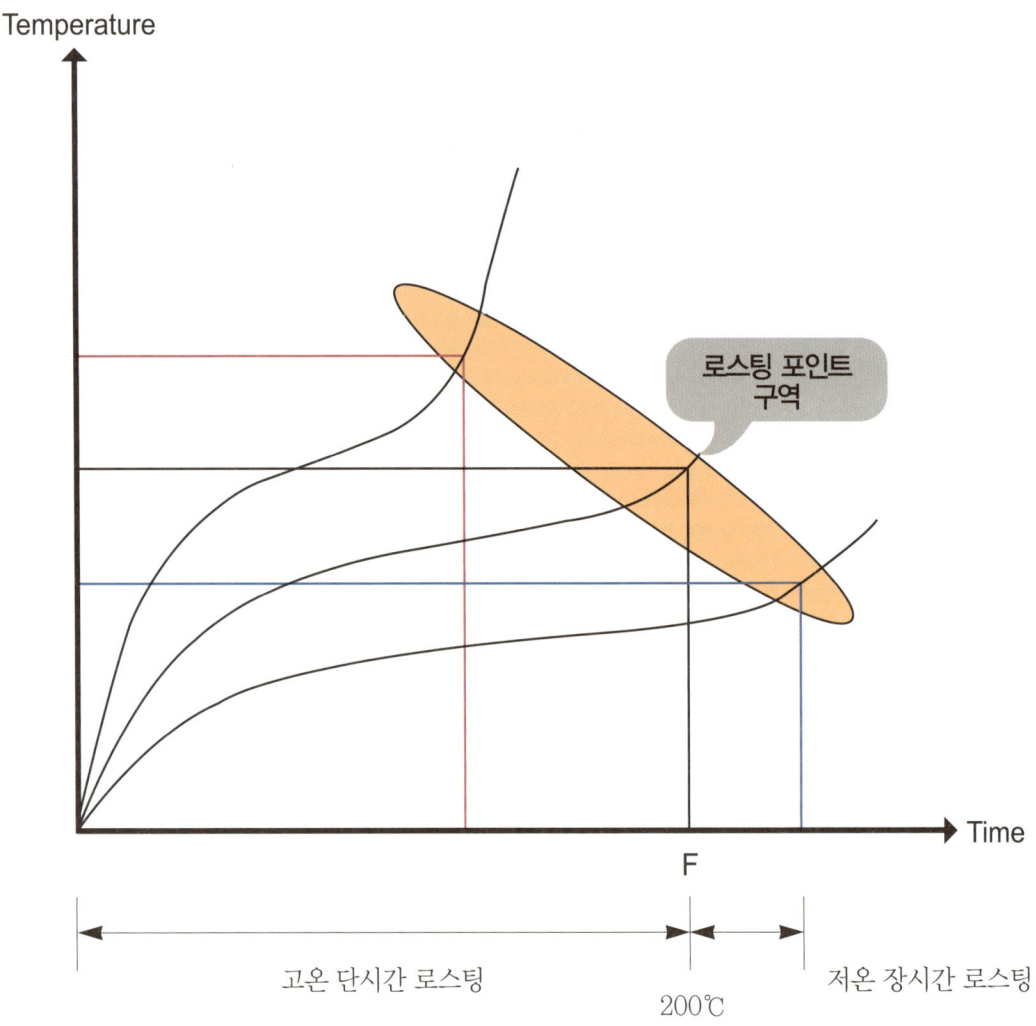

3. 고온 단시간 로스팅과 저온 장시간 로스팅

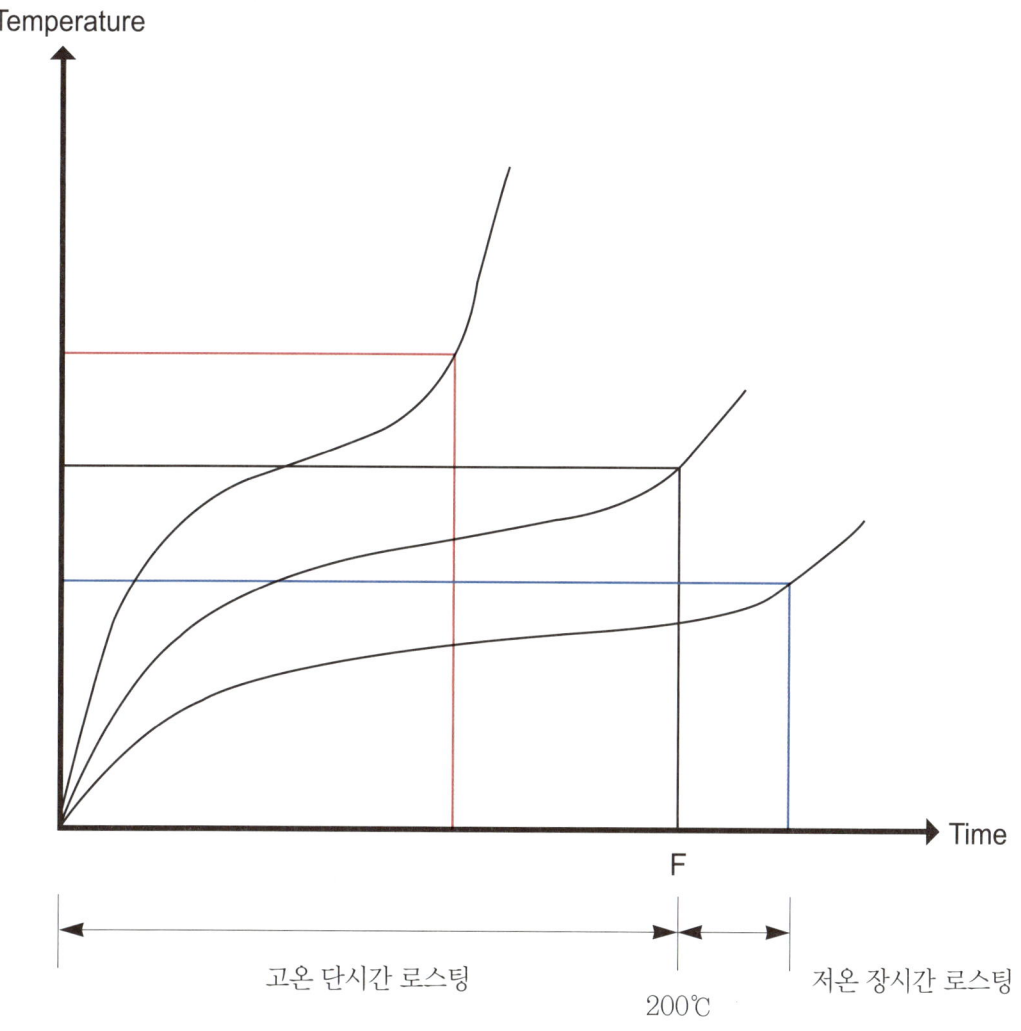

	고온 단시간	저온 장시간
크기	180%	150%
추출률	20~22%	18~20%

로스팅 포인트

국가	원두명	로스팅 포인트
자마이카	블루마운틴	하이
	피베리	미디움
인도네시아	만델링	풀시티
	가요마운틴	하이
인디아	APA	이탈리안
에티오피아	시다모	프랜치
예멘	모카마타리	하이
케냐	AA	프랜치
탄자니아	AA	시티
하와이	코나	하이
콜롬비아	슈프레모	풀시티
브라질	산토스	하이
멕시코	알투라	하이
과테말라	안티구아	풀시티
쿠바	크리스탈 마운틴	미디움
엘살바도르	버본	시티
코스타리카	타라수 SHB	시티
도미니카	파라오네	미디움
페루	찬찬마오	프랜치

주의 : 산지별 원두는 수확되는 해마다 그리고 수확하는 방식이나 핸드 픽의 충실도에 따라 로스팅 포인트가 달라진다고 말할 수 있다. 특히 로스팅 시간은 추출성분과 휘발성분의 변화에 많은 영향을 주는 요인이다. 따라서 자신이 좋아하는 커피스타일을 만들어 가기 위해서는 스승이나 타인의 로스팅 포인트를 연구해 보고 로스팅에 대한 경험을 통해 자신만의 로스팅 포인트 또한 찾아보기 바란다.

로스팅 방법

혼합배전과 단종배전 그리고 커피의 지역성

혼합배전과 단종배전의 구별은 로스트 프로세스에서 어떤 방법을 선택할 것인가에 대한 내용이다. 단종배전이라 함은 생두(Green Coffee)를 로스트할 때 하나의 생두만으로 로스트하는 것을 말한다. 즉, 한 가마니 내의 생두를 로스트함으로써 동일한 밀도와 수분함유량, 크기가 일정한 원두를 로스트하여 일정한 로스트 품질을 유지하도록 하는 것이다. 즉, 단종배전은 각각의 로스트를 마친 후 몇 가지의 원두를 배합하는 것이고, 이에 반해 혼합배전은 두 가지 이상의 생두를 로스트 전 배합하여 로스트를 완료하는 것이다.

그러나 로스트에 있어 혼합배전과 단종배전의 차이는 로스트의 선후에 블렌하는 것의 차이만을 말하는 것은 아니다. 먼저 혼합배전은 생두 상태에서 배합하기 위해서는 비슷한 수분함유량과 밀도, 크기를 가지고 있어야 한다. 그렇지 않은 경우, 로스트 후 원두의 컬러와 로스트 상태가 각기 다르게 나타남으로써 품질 낮은 원두가 될 수 있고, 각각의 원두가 가진 맛과 향의 특성을 정확히 살릴 수 없게 되는 경우가 있기 때문이다. 하지만 혼합배전이 가진 큰 장점인 로스트 후 저장공간(Silo)이 작다는 것과 블렌딩 시설이 필요치 않다는 점, 그리고 로스율이 없다는 점은 단종배전을 시행하는 소규모 로스터들에게는 큰 매력으로 보이는 것은 사실이다. 하지만 단종배전은 각각의 원두에 대한 저장공간이 필요하고, 블렌딩 시설 그리고 로스가 발생할 수 있다는 단점에도 불구하고 많은 로스터들이 이 방식을 선택하는 이유는 생두 각각의 특성을 살린다는 기본적인 장점과 함께 여러 가지 블렌딩을 시도할 수 있는 점이 큰 매력이기 때문이다.

여러 가지 블렌은 다시 각각의 상표화가 가능하여 타겟마케팅에 적절한 방법을 구사할 수 있다. 특히, 커피처럼 신선식품으로 먼 곳까지 이동하거나 온도에 민감한 식품의 경우에는 소비지역별로 뚜렷한 지역성을 보이게 되는데 이러한 지역성에 맞는 마케팅을 구사할 수 있다는 것이다. 좀 더 작은 시장(Micro market)을 바라보면, 로스터는 원두를 소모하는 소매상(Retail Seller)의 요구에 맞는 커피를 공급할 수 있다는 장점이 있다. 다시 말해 매장의 요구에 맞는 커피를 공급할 수 있다는 장점이 있다는 것이다. 이 점은 커피매장마다 차별화된 커피 맛과 향을 서비스할 수 있도록 마케팅을 할 수 있다는 것으로 단종 로스트의 가장 큰 장점이라고 할 수 있을 것이다.

로스팅 단계의 결정

1 수분테스터 2,3,4 컬러테스터

색도 / 경험치 / 샘플

1 스크리너
2 스크리너 표면

# 08

블렌딩

레귤러 정보
에스프레소 정보
블렌드의 기초
에스프레소 블렌드
레귤러 블렌드

레귤러 정보

미국의 레귤러 커피(Regular Coffee, 오늘의 커피)의 블렌딩은 주로 아침시간에 맞추는 블랙퍼스트 커피와 아메리카노 스타일에 맞춘 커피 그리고 유럽 스타일에 맞춘 커피 등으로 레귤러 블렌딩을 하고 있다. 미국의 대표적인 블렌딩 정보를 살펴보면,

Breakfast Blend
50% 멕시코 커피와 50% 과테말라 커피로 블렌딩하여 아침시간에 마시기 좋은 스타일의 커피를 만들고 있다.

American Blend
50% 브라질 커피와 50%의 콜롬비아 커피로 블렌딩하여 아로마와 바디감 그리고 풍부한 단맛을 통해 새롭게 스페셜티 커피를 접하는 사람에게 좋은 느낌을 주는 커피다.

에스프레소 정보

1. 유럽 에스프레소의 블렌딩 기준

유럽은 에스프레소의 맛과 향을 에스프레소의 밸런스에 기준을 두고 로스팅과 블렌딩을 맞춘다.

2. 미국 에스프레소의 블렌딩 기준

미국의 에스프레소는 로스팅과 블렌딩에서 라떼와 카푸치노에 기준을 두는 경우와 카페모카를 기준으로 하는 경우가 많다.

3. 한국 에스프레소의 블렌딩 기준

한국은 에스프레소를 블렌딩할 때 주로 아메리카노에 기준을 두고 블렌딩한다.
위와 같이 다른 기준을 두고 블렌딩을 하는 것은 판매되는 메뉴의 양에 따른 것이다. 이것은 경영적인 목적에서도 좋은 결과를 가져오는데, 먼저 에스프레소라는 베이스 메뉴를 통해 가장 많이 판매되는 메뉴가 가장 우수한 블렌딩을 하게 되는 것을 뜻한다.

4. 블렌딩 시, 맛의 설계

- 원두가 있는 종류별로 맛과 향을 다이아몬드에 맞추어 조직을 만든다.
- 에스프레소 용으로 밸런스를 기준으로 원두를 선정한다.
- 특정한 맛과 향에 방향을 맞춰 원두를 선정해본다.
- 설계된 원두들을 사이폰을 통해 추출해본다.
- 의도한 바와 같이 블렌딩이 이루어졌는지 또는 문제가 있는지 파악한 후 비율을 조정해본다.
- 비율을 조정하여 맛을 컨트롤할 수 없다면 다른 종류의 원두를 블렌딩한다.

블렌드의 기초

1) 세척(Washed) 처리된 커피와 자연건조(Unwashed) 처리된 커피를 블렌딩(Blending) 한다.
2) 맛과 향의 강약을 맞춘다.
3) 로스팅 컬러가 1단계 이상 차이나지 않게 한다.
4) 품종별 맛을 조절한다.

 Blending

에스프레소 블렌드

> NOTE : The Espresso that tastes good in a demitasse cup will probably not be discernable in a latte or Cappuccino. IT will be too mild and smooth to cut through the milk.

Café Imports Demitasse Espresso Blend - 50% Brazil, 25% Harrar, 25% Sumatra

This blend is great as a solo shot of espresso. To make it Latte/Cappuccino friendly, just cut the Harrar and Sumi down 5% each and add 10% of a Guatemalan

Huehuetenango or a Nicaragua Guyacan and presto! Milk based espresso!!

Italian Style Espresso - 30% Brazil, 30% Guatemala, 30% Colombia & Natural Robusta

No more than 10% Robusta (5% would be sufficient)

Latte style Espresso - 80% Colombian 20% Sumatra

I know a roaster who uses these coffees and roasts them together. Pre-Roast Blending is nearly impossible but in this instance, when the Colombian is done, the Sumatra is slightly under-roasted giving it an extra brightness that blends well with milk.(Consider adding a Brazil to this blends, as well)

- Pre-roast blended coffees should be blended in the green and stored that way for at least 24 hours to allow the moisture to equalize
- Generally, for best results and to keep blending options open, we recommend roasting individual coffees separate, prior to blending.

(자료 : Cafe Imports)

레귤러 블렌드

Breakfast Blend - 50% Mexican & 50% Guatemala

This is a smooth coffee with a welcoming, morning brightness and a hint of smokiness.

American Blend - 50% Brazil & 50% Colombian

This is a classic American coffee. It has a wonderful aroma with good body and a rich sweetness. It's a great blend to help new customers ease into the specialty coffee world.

Atlantic Blend - 1/3 Sumatra, 1/3 Guatemala & 1/3 Brazil

This is something very close to the signature blend of a very predominant Donut Company. This blend is rich, bright and full bodied.

European Blend - 1/3 Sumatra, 1/3 Guatemala & 1/3 Brazil

This blend makes a fantastic espresso (For a Milk Drink) and as a coffee in the cup it is straight off the continent: A classic European Flavor is Strong, Rich and Earthy.

Coffee Lovers Blend - 50% Kenya & 50% Sumatra

Kenya and Sumatra are both big, beefy Coffees. Not for the faint hearted. I've seen blends like this called Velvet Hammer, Black Cat, etc. This Blend is rich, full bodied, fruity, winy and earthy. A very intense cup for the intense coffee drinker.

(자료 : Cafe Imports)

09

커핑

커핑
SCAA 커핑 평가표
Flavor Wheel
커피 테이스터의 Flavor Wheel
커피의 36가지 향

커핑

1. 커핑(Cupping)의 목적

1) 생산된 커피(생두)의 품질을 평가하기 위해
2) 생산된 커피(로스티드 빈)의 품질을 평가하기 위해
   - 로스팅의 정도, 시간, 배기의 선택, 불의 리듬의 선택 등
3) 커피의 날짜별 맛의 변화를 체크하기 위해
4) 블렌딩한 커피의 맛과 향을 체크하기 위해

2. 커핑하는 방법

1) 사용되는 원두량 : 7.25~8.25g
2) 물의 온도 : 92~96℃
3) 물의 양 : 150㎖
4) 분쇄입도 : 사이폰
5) 로스팅 단계 : 씨티로스팅
   - 커핑을 하는 양은 추출수율이 약 20%가 되도록 맞추기 위한 것임.

3. 커핑 순서

1) 냄새 맡기(Sniffing)
2) 흡입(Slurping)
3) 삼키기(Swallowing)

4. 용어설명

1) Fragrance – 분쇄커피의 향기
2) Aroma – 추출커피의 향기
3) Acidity – 산도
4) Flavor – 입안에서의 맛과 향
5) Body – 중후함(촉감) : 혀에 남은 커피를 입천장에 문지르면서 평가
6) Aftertaste – 마신 후의 맛과 향
7) Balance – 균형감 : 신맛, 단맛, 쓴맛의 균형과 Body와 Flavor를 감안하여 평가
             : 커핑은 한 잔을 가지고 3~5회 반복한다. 식으면서 느껴지는 향미를 순서적으로 체크하기 위해서이다.

C u p p i n g

SCAA 커핑 평가표

SCAA 평가표

Cupping Evaluation
Grading Form - Single Sample

Name : _____   Date : _____

Company : _____   Ref # _____

Fragrance/Aroma   aromtic complexitu - preference rating

Very Poor									Outstanding
1	2	3	4	5	6	7	8	9	10

Acidity   brightness of the coffee - intensity ranking

Very Poor									Very Bright
1	2	3	4	5	6	7	8	9	10

Flavor   pleasing characteristics of the coffee - preference rating

Very Poor									Outstanding
1	2	3	4	5	6	7	8	9	10

Body   mouthfeel of the beverage - intensity ranking

Very Thin									Very Heavy
1	2	3	4	5	6	7	8	9	10

Afertaste   pleasing sensations on the palate - preference rating

Very Poor									Outstanding
1	2	3	4	5	6	7	8	9	10

Balance   overall pleasing characteristic of the coffee - preference rating

Not Rated									Outstanding
-5	-4	-3	-2	-1	0	1	2	3	4	5

커핑 123

Specialty Coffee Association of America Coffee Cupping Form

Cupping

Flavor Wheel

Aromas	Enzymatic	Flowery	Floral	Coffee Blossom
				Tea Rose
			Fragrant	Cardamon Caraway
				Coriander Seeds
		Fruity	Citrus	Lemon
				Apple
			Berry-like	Apricot
				Blackberry
		Herby	Alliaceous	Onion
				Garlic
			Leguminous	Cucumber
				Garden Peas

126 커피 트레이닝 **바리스타**

Aromas	Sugar Browing	Nutty	Nut-like	Roasted Peanuts	
				Walnuts	
			Malt-like	Balsamic Rice	
				Toast	
		Caramelly	Candy-like	Roasted Hazelnut	
				Roasted Almond	
			Syrup-like	Honey	
				Maple Syrup	
		Chocolaty	Chocolat-like	Bakers	
				Dark Chocolate	
			Vanilla-like	Swiss	
				Butter	

커핑 127

Aromas	Dry Distillation	Resinous	Turpeny	Piney	
				Black Current-like	
			Medicial	Camphoric	
				Cineolic	
		Spicy	Warming	Ceder	
				Pepper	
			Pungent	Clove	
				Thyme	
		Carbony	Smoky	Tarry	
				Pipe Tobacco	
			Ashy	Burnt	
				Charred	

커피 테이스터의 Flavor Wheel

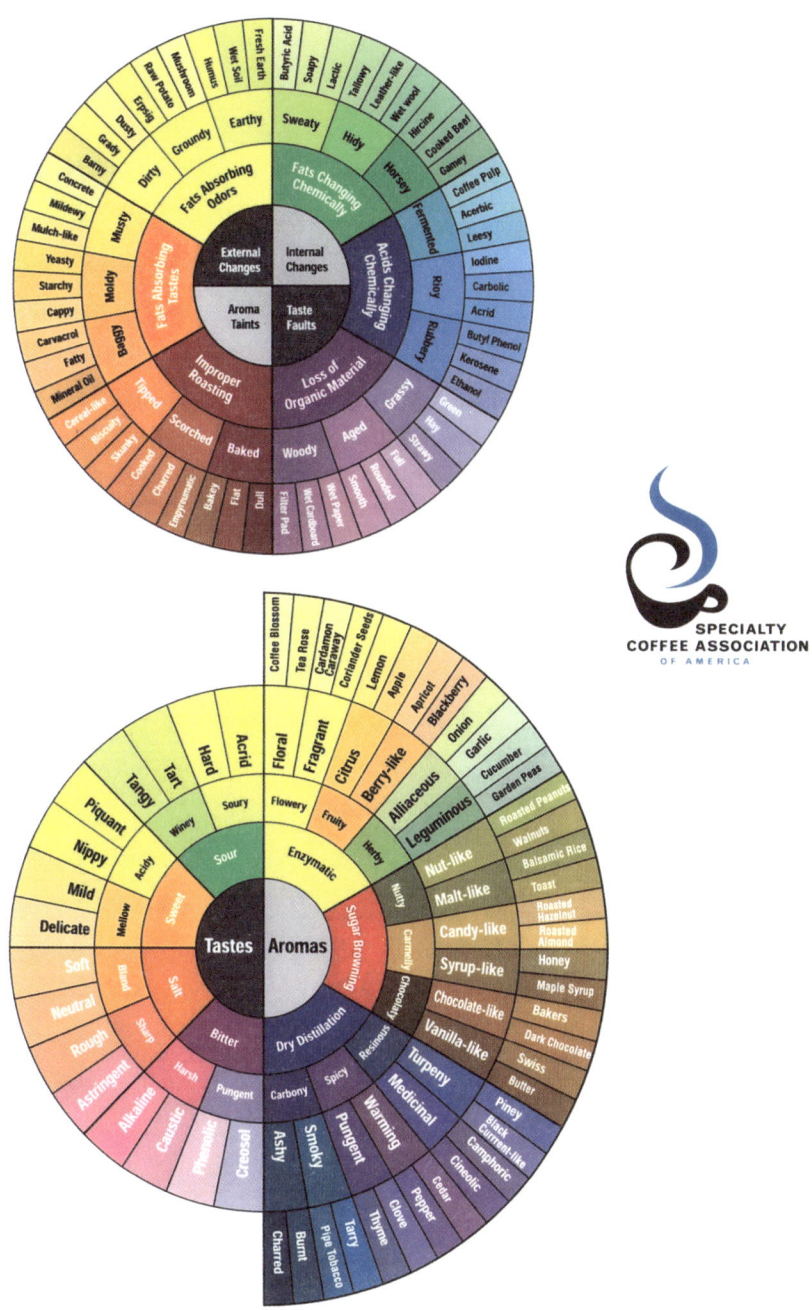

(Specialty Coffee Association of America Coffee Cupping Form - p.113 참조)

커피의 36가지 향

제공 : Le Nez du Café by Jean Lenoir

Aroma group	No	Aromas	대표품종/ 산지
Earth	1	Earth	로부스타-베트남, EK1, 에티오피아 하라, 시다모
	2	Potato	코스타리카, 콜롬비아 Tolmas, 온두라스
Green	3	Garden peas	브라질 로부스타, 우간다 로부스타, 과테말라
	4	Cucumber	브라질, 콜롬비아, 케냐, 에티오피아 리무
Vegetal	5	Straw	브라질, 아이보리코스트, 케냐 키탈레
Woody	6	Cedar	우간다 Bugisu, 에티오피아 리무, 과테말라
Spicy	7	Clove	멕시고, 과테말라, 에티오피아 하라
	8	Pepper	브라질, 짐바브웨
	9	Coriander seed	에티오피아 시다모, 엘살바도르
	10	Vanilla	브라질 특급, 파푸아뉴기니 시그리
Floral	11	Tea-rose	엘살바도르 Pacamara, 과테말라 특급
	12	Coffee flower	콜롬비아, 과테말라, 에티오피아 하라, 자바
Fruity	13	Coffee pulp	발효된 와인냄새 콜롬비아 스페셜티, 케냐AA
	14	Blackcurrant	코나, 코스타리카, 케냐 키탈레, 블루마운틴
	15	Lemon	케냐AA, 콜롬비아, 과테말라, 파푸아뉴기니
	16	Apricot	에티오피아 시다모
	17	Apple	콜롬비아, 중남미산 커피
Animal	18	Butter	코스타리카, 콜롬비아, 케냐 아라비카
	19	Honeyed	파푸아뉴기니, 멕시코 아라비카
	20	Leather	에티오피아 하라
Toasty	21	Balsamic rice	엘살바도르, 오스트레일리아, 아이보리코스트
	22	Toast	콜롬비아 율라(Hulla), 브라질, 우간다 Druga
	23	Malt	에티오피아 짐마, 콜롬비아 San Augustin
	24	Maple syrup	코나, 코스타리카, 콜롬비아 Tolmas, 케냐
	25	Caramel	콜롬비아 엑셀소
	26	Dark chocolate	코나, 에티오피아, 짐바브웨, 케냐
	27	Roasted almond	브라질, 콜롬비아 Boyacas, 에티오피아 리무
	28	Roasted peanut	케냐 키탈레, 짐바브웨
	29	Roasted hazelnuts	콜롬비아 Santa Marta/Tachira
	30	Walnut	콜롬비아, 과테말라, 파푸아뉴기니 Sign
	31	Cooked Beef	코스타리카, 과테말라, 콜롬비아, 케냐
	32	Smoke	과테말라, 콜롬비아, 온두라스, 엘살바도르
	33	Pipe tobacco	브라질, 케냐, 코나 - 로스팅과정에서 생성
	34	Roasted coffee	엘살바도르, 브라질 - 갓 볶았을때
	35	Medicined	브라질, 로부스타-Rio Bean, 강 로스팅 시
	36	Rubber	로부스타

# 10

라떼아트

라떼아트 스텝 1
라떼아트 스텝 2
라떼아트 스텝 3
라떼아트 스텝 4

라떼아트 스텝 1

1. 라떼아트(Latte Art)

1) 우유를 이용한 커피메뉴이다.
2) 카푸치노 메뉴를 이용한 것이 주종이며 이외에도 카페라떼를 이용하는 플랫 화이트(Flat White)가 있다.
3) 일반 카푸치노나 라떼에 비해 더 비싼 음료로 인식한다.
4) 완벽한 에스프레소 추출, 완벽한 밀크스티밍, 완벽한 손기술이 이루어져야 한다.

2. 라떼아트의 스텝

스텝 1. "중앙모으기"를 통해 크레마와 밀크폼의 밀도를 이해하는 단계
스텝 2. 초코렛을 이용한 "초코에칭(Chocoetching)" 단계
스텝 3. 기구만을 이용한 "에칭(Etching)" 단계
스텝 4. 손기술만을 이용한 "푸어링(Pouring)" 단계

3. 라떼아트의 이론적 이해

1) 에스프레소 크레마와 밀크폼의 밀도가 맞는 순간을 이용한 예술적 행위
2) 크레마(Crema)가 우유의 속도에 의해 밀리거나 깨져서는 안 된다.
3) 도면

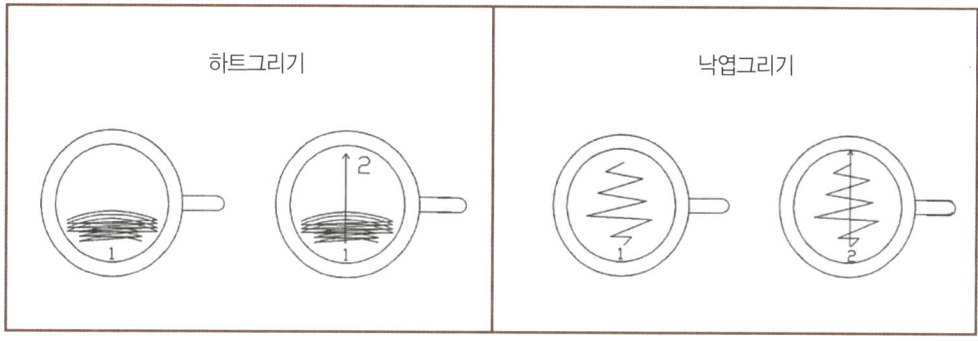

밀크 스팀에서 "중앙모으기"는 카푸치노를 만드는 가장 중요한 동작이면서 라떼아트를 배우는 데 있어서도 아주 중요한 동작이다. 따라서 밀크폼과 크레마의 밀도를 이해하는 점에 중점을 두며 높낮이와 속도를 연습한다.

4. 라떼아트 우유만들기

밀크 스티밍은 카푸치노의 거품을 만드는 것보다 부풀림을 줄여야 한다.

드라이 밀크폼(Dry Milk Foam)이 형성된 것을 이용해 라떼아트를 만들려고 하면 밀도가 매우 낮은 거품이 정확하고 섬세한 표현을 불가능하게 하기 때문이다. 만약 카푸치노가 우유 200㎖를 넣고 스티밍을 진행해서 약 380㎖의 분량까지 확장을 시키는 것이라면 라떼아트는 약 300㎖까지 즉, 50% 정도로 부풀림하면 좋다.

5. 초코아트 연습하기

초코렛 소스와 온도계를 이용한 형태로, 가장 기본적인 라떼아트이며 초코 라떼아트라고도 한다. 보통 잔을 준비할 때는 150~180㎖의 보통잔을 준비한다. 라떼아트를 배울 때 가장 쉽게 배우면서, 재미를 얻을 수 있어 효과를 쉽게 얻을 수 있는 단계이다.

1) 에스프레소 두 잔을 추출한다.
2) 밀크 스티밍을 통해 훌륭한 밀크폼을 만들어 낸다.
3) 우유를 커피에 자연스럽게 부어서 가운데 밀크폼이 모이게 만든다.
4) 초코렛 소스를 가늘게 짜낼 수 있는 스퀴져를 이용해 원형이나 직선 등을 커피 위에 그린다.
5) 온도계나 이쑤시개 등 날카로운 도구를 이용해 여러 가지의 에칭을 해본다.

6. 낙엽만들기

낙엽은 하트와 함께 라떼아트 3단계 스텝이다.

낙엽은 많은 떨림과 특히, 라떼아트 시 낙엽이나 라떼아트를 그려감에 있어 몇 가지 포인트가 있다.

1) 우유를 에스프레소 위에 붓기부터 시작된다.
2) 잔에 우유를 붓기 시작할 때는 보통 스팀피쳐에서 떨어지는 우유양이 많기 때문에 거친 거품[9]이 떨어지게 되므로 약간 높이를 높여 떨어뜨린다.

---

9) 아무리 잘 만든 거품일지라도 한 잔의 스팀피쳐에는 분명 가장 거친 거품과 가장 부드러운 거품이 존재한다.

3. 스팀피쳐에서 내려떨어지는 우유의 양[10]을 결정할 때는 밀크포밍의 양을 확인한 후 만약 포밍의 양이 본인의 습관보다 많다면(대부분 습관보다 많게 포밍이 되는 경우가 많다) 잔에 떨어뜨리는 높이를 조금 더 높게 하면서 우유의 양을 적게함으로써 줄기를 가늘게 해서 떨어뜨리면 우유가 크레마의 표면에서 사라지게 할 수 있다. 따라서 좀 더 선명한 라떼아트를 그릴 수 있다.[11]

7. 스팀피쳐를 이용한 터치표현

1) 스팀피쳐는 먼저 붓이라고 생각해야 한다.
   따라서 스팀피쳐는 떨어뜨리는 높이에 따라 붓의 굵기가 결정되게 되는데 높이가 높을수록 붓은 가늘어지고, 낮아질수록 붓이 두꺼워진다.
2) 우유를 떨어뜨리는 양에 의해서도 똑같은 터치법이 나오는데 빨리 따를수록 붓이 굵어지고, 반대로 천천히 따를수록 붓이 가늘어지게 된다.

위의 두 가지 터치는 어떤 것이 좋고 어떤 것은 나쁘다는 것은 없다. 단지 본인의 스팀이 늘 일정하게 되어 변화가 없다면 늘 같은 방법으로 그림을 그릴 수 있겠지만, 현실적으로는 기계적인 압력의 변화나 머신 주변의 온도변화에 따른 습도의 변화 그리고 스티밍 시 집중력의 차이에 따라 과도하게 거품이 올라오는 경우가 있다. 이러한 경우에는 피쳐 터치를 통해 표현의 실패를 줄여야 한다.

---

10) 쉽게 설명해서 1초당 떨어지는 우유양을 많게 할 것인가 적게 할 것인가.
11) 선명한 라떼아트를 그리기 위한 또 하나의 팁이라면 우유를 붓기 전 에스프레소가 카푸치노잔에 있을 때 잔 속에서 돌려줌으로써 크레마의 타이거벨트를 없애는 것도 좋다. 누구나 이 부분에서는 맛있는 커피와 예쁜 라떼아트 사이에서 고민을 하게 될 것이다. 선택은 바리스타의 것.

라떼아트 스텝 2

Note

Note

Note

Note

Note

Note

Note

Note

라떼아트 스텝 3

Note

Note

Note

Note

라떼아트 스텝 4

Note

Note

Note

Note

다양한
커피추출

여러 가지 추출법

여러 가지 추출법

1. 핸드 드립(Hand Drip)

1) 핸드 드립 도구
- 서버(Server) : 강화 유리 재질로 되어 있으며, 추출된 양을 확인할 수 있도록 눈금이 표시되어 있다.
- 드립 포트(Drip Pot) : 드립 추출 시 물을 가늘게 조용히 부을 수 있도록 추출구가 가늘면서 일정하고 긴 것이 좋다.
- 필터(Filter) : 드립퍼의 종류에 맞추어 생산되고 그에 맞는 필터를 사용해야 드립퍼 위에 올렸을 때 안정감 있게 고정될 수 있다.
- 드립퍼(Dripper)의 종류

종류	모양(단면)	특징	원산지
칼리타 (Kalita)		추출구 3개, 일렬로 나란히 나있다. 리브가 끝까지 형성되어 있어 물빠짐을 일정하게 도와 효과적인 드립에 용이하다.	일본
메리타 (Melitta)		추출구는 중앙에 1개 물이 머무는 시간이 길고, 드립 시 많은 주의를 기울여야 한다. 카리타에 비해 윗면의 입구가 좁고, 높이가 높다.	독일
고노 (Kono)		추출구는 중앙에 1개, 원추형 리브가 중간부터 시작한다. 융 드립에 가장 가까운 맛을 낼 수 있어 다른 드립퍼에 비해 바디감이 좋다.	일본
하리오 (Hario)		추출구는 중앙에 1개, 원추형 고노와 비교했을 때, 추출구가 조금 크고, 리브가 시계방향으로 휘어져 끝까지 형성되어 있다. 고노보다 추출이 용이하다.	일본

COFFEE BREWING CONTROL CHART

Brewing Ratio: Grams per 6.0 fl.oz. per Cup

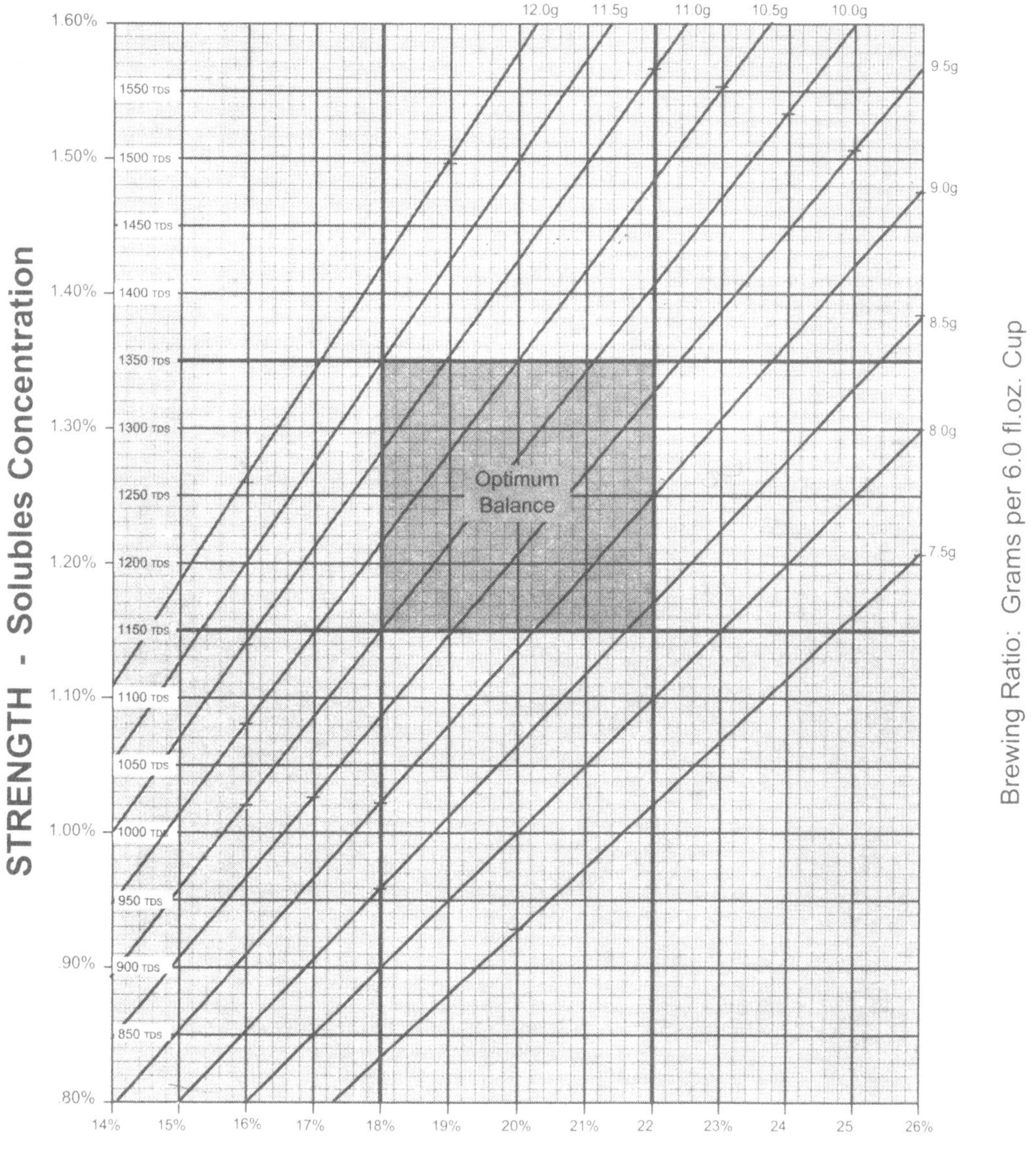

SPECIALTY COFFEE ASSOCIATION OF AMERICA

330 GOLDEN SHORE SUITE 50 LONG BEACH, CA 90802

TEL 562 624 4100 FAX 562 624 4101 URL WWW.SCAA.ORG

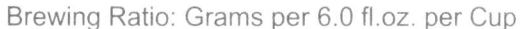

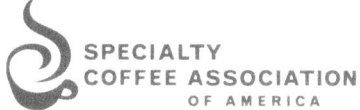

- 기타 도구 : 계량스푼(Measuring Spoon), 온도계(Centigrade) 시계(Stopwatch), 분쇄기(Coffee Mill)

2) 융 드립(Flannel Drip)
- 드립퍼 없이 추출이 가능하다.
- 종이 필터를 사용하지 않기 때문에 커피의 오일 성분이 추출돼, 종이 필터를 사용한 다른 추출법보다 부드러운 맛의 표현이 가능하다.
- 단, 융의 보관, 관리의 번거로움이 있다.

〈융 드립〉

3) 드립 시 주의사항
- 물은 가능한 한 커피가루의 표면과 가까운 위치에서 가만히 부어준다.
- 물을 붓는 위치를 항상 이동시킨다.
- 필터에는 물을 직접 붓지 않도록 주의한다.
- 드립퍼 안의 물이 마르게 해서는 안 된다.
- 물을 붓는 속도와 양의 배분으로 맛을 조절한다.

2. 이브릭(Ibric), 체즈베(Cezve)

터키식 커피로 알려진 이 추출 방법은 원두를 밀가루처럼 아주 곱게 갈아 찬물과 함께 가열하여 추출하는 방식으로 진하고 풍부한 맛을 내는 것이 특징이다.
- 이브릭: 뚜껑이 있는 형태
- 체즈베: 뚜껑이 없는 형태

3. 사이폰(Syphon)

사이폰의 추출 방식은 플라스크에 담긴 물이 가열되면서 로트로 밀려 올라가 커피가루와 섞인 후 추출된 커피만 다시 플라스크로 내려오게 하여 추출하는 방식으로 진공여과 방식이라 한다.

- 로트 : 다리부분이 가늘고 유리로 되어 있어 취급 시 주의해야 하고 특히 추출 후 갑작스런 온도 변화에 깨질 수 있으니 뜨거운 상태에서는 서서히 식힌다.
- 필터 : 재질은 융으로 되어 있으며 사용 후에는 깨끗하게 씻어 물에 담궈 냉장고에 보관한다.
- 플라스크 : 알코올 램프 등의 불이 직접 닿기 때문에 표면에 물이 묻어 있는 상태에서 불에 올리면 깨지기 쉬우므로 추출 시에는 반드시 물기를 제거한다.
- 알코올 램프 : 물을 끓이는 열원으로 할로겐 램프로 사용하기도 한다.
- 대나무 주걱 : 커피의 성분이 골고루 잘 추출되도록 섞는 데 사용한다.

4. 프렌치 프레스(French Press)

비교적 간단한 추출 방법으로 물과 커피의 접촉 시간의 조절로 커피 맛을 조절할 수 있다. 추출된 커피는 강한 향미와 높은 바디감이 특징이다.

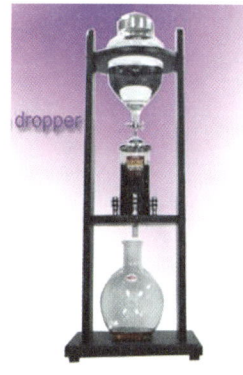

5. 더치(Dutch) 커피

워터 드립(Water Drip)이라고도 하며 차가운 상태의 물을 아주 천천히 추출하는 방식으로 쓴 맛과 떫은 맛이 적은 것이 특징이다. 찬물로 추출을 하기 때문에 카페인 함량이 거의 없고, 추출 후 오랜 시간이 지나도 맛의 변화가 거의 없다.

6. 모카포트(Mocha Pot)

모카포트는 산업혁명과 함께 스팀의 압력을 이용해 커피를 추출해보자는 시도와 함께 탄생하게 되었으며 현대적인 에스프레소 추출방식의 아이디어를 제공한 방식이다.

모카포트의 추출방식은 상부와 하부로 나누어지는 포트를 이용하여 하부포트에 물을 넣고 중간필터에 분쇄된 커피를 넣고 잘 다진 후 상부포트를 잠그고 불 위에 직접 가열하면 하부포트의 물이 압력에 의해 커피가 담겨진 필터를 통과하면서 상부포트에 추출된다. '치익' 하는 소리가 들리면 추출이 끝난 것으로 불을 끄고 잠시 기다렸다 잔에 따른다.

모카포트는 에티오피아를 주로 하여 예맨산 커피의 추출에서 좋은 맛과 향을 낸다고 해서 붙여진 이름인 듯하다. 하부포트에 물을 부을 때는 물이 실린더 벽에 있는 안전밸브를 넘지 않도록 주의한다.

12

커피하우스 창업

커피매장 창업을 위해 본인에게 던지는 질문

상권파악 시 참조해야 할 사항

상권분석 후 개별 커피매장 확인사항

커피매장의 입지

커피매장의 기능 변화

커피매장의 형태별 장단점

커피매장 창업을 위해 **본인에게** 던지는 **질문**

1. 커피이름을 몇 개 알고 있는가?
2. 집에서 커피를 내려 마시는가?
3. 커피를 정규과정에서 배운 적이 있는가?
4. 서비스 업종에서 근무해본 경험이 있는가?
5. 커피매장에서 근무해본 경험이 있는가?
6. 해외 어떤 나라에서 커피를 마셔 보았는가?
7. 본인이 가장 잘 하는 특기/취미는 무엇인가?
8. 놀이공원에 가본 적은 언제인가?
9. 영화는 1년에 몇 편을 보는가?
10. 집에서 기르고 있는 화분은 몇 개인가?
11. 본인의 매장에 그림을 건다면 어떤 그림을 걸고 싶은가?
12. 가장 심각한 환경문제는 무엇이라고 생각하는가?
13. 해외 여행지 중 가장 권하고 싶은 곳은 어디인가?
14. 국내 여행지 중 가장 권하고 싶은 곳은 어디인가?
15. 매장이 생긴다면 어떤 음악을 들려주고 싶은가?
16. 매장 공간 중 가장 신경 쓰고 싶은 곳은 어디인가?
    1. 바   2. 입구   3. 화장실   4. 화단   5. 의탁자
    6. 판매용품   7. 화분   8. 인쇄물   9. 기타
17. 가장 중요한 마케팅은 무엇이라고 생각하는가?
    1. 향기   2. 맛   3. 건강관리
    4. 정보관리   5. 이미지   6. 기타
18. 가장 중요하다고 생각하는 관리는 어떤 것인가?
    1. 매출관리   2. 고객관리   3. 위생관리
    4. 직원관리   5. 품질(맛)관리   6. 기타

19. 매장 위치 선정에 있어 가장 중요하다고 생각되는 것은 무엇인가?
    1. 유동인구수   2. 연령   3. 소득수준
    4. 교통수단   5. 도로의 면적 6. 기타

20. 다음 매장 위치 중 가장 좋다고 생각되는 곳은 어디인가?
    1. 할인매장 내   2. 백화점 식품코너   3. 골프연습장 내   4. 강남상권 내
    5. 노량진상권 내   6. 대학로 내   7. 신촌상권 내   8. Coex 내
    9. 신도시상권 내   10. 압구정상권 내   11. 기타

21. 본인이 가장 잘 만드는 것은 무엇인가?
    1. 샌드위치   2. 쿠키   3. 식빵   4. 꽃꽂이(화분)   5. 비쥬
    6. pop   7. 만두   8. 볶음밥   9. 라면   10. 목재DIY
    11. 컴퓨터조립 12. 커피   13. 천연화장품 14. 기타

22. 매장 구성 중 가장 중요하다고 생각되는 것은 무엇인가?
    1. 음악   2. 물   3. 커피맛   4. 인테리어   5. 사이드메뉴
    6. 화분   7. 온도   8. 환기   9. 향기   10. 의탁자
    11. 산소   12. 습도

23. 함께 일하고 싶은 사람은 누구인가?
    1. 가족 중   2. 친구 중
    3. 선후배   4. 애인
    5. 전문 바리스타   6. 아르바이트생
    7. 여자   8. 남자

24. 매장은 넓을수록 좋다고 생각하는가?

상권파악 시 참조해야 할 사항

	장점	주의해야 할 점
본인의 거주지역이거나 잘 아는 상권	비용과 시간을 절약할 수 있다.	꼭 상권분석 차트를 이용해야 한다.
지인의 소개지역	비용과 시간을 절약할 수 있다.	본인이 꼭 방문 및 실태를 파악한다. 지인의 경우 해당 매장이나 부동산의 말만 전하는 경우가 많다.
부동산 소개지역	시간을 절약해 많은 물건을 볼 수 있다.	매출상황에 대해서는 절대 믿지 말 것
프랜차이즈 회사의 소개지역	즉시 사업을 시작할 수 있다. 매출이 안정적이다. 마케팅에 신경쓰지 않는다.	본인의 의사에 반하는 경우가 많다.
기존 동일업종인 경우	매장위치 홍보에 유리하다	운영자의 영업서비스 형태를 잘 살핀다.
인터넷을 통한 검색	비용과 시간이 절약되고, 권리관계까지 구별하기 쉽다.	실제 매장의 규모나 운영상태에 대해 허위정보를 얻기 쉽다.

상권분석 후 개별 매장 확인사항

1. 전력(면적에 따라 10/15/20순으로 필요)			
2. 급 배수거리와 바 예정 장소의 거리(수압도 중요함)			
3. 실제 평수 (분양평수 9/10~1/3까지 다양 – 인테리어의 기준평수가 됨)			
4. 화장실의 위치 및 위생상태			
5. 계단의 폭과 높이(1층 이외의 경우)			
6. 전면의 너비(가로세로의 비율이 1/3에서 16:9까지 – 최소거리는 7m 이상) 시계성과 인지성이 바로 매출이다.			
7. 인수예정 매장의 간판 수(많을수록 유리)			
8. 인수예정 매장의 인수가능 판매품목(담배, 복권 등)			
9. 인수예정 매장의 인수가능 물품(에어컨, 온풍기 등)			
10. 건축년도			
11. 전면 유리의 쾌적성			
12. 층의 높이(높을수록 유리)			
13. 인수예정 매장의 영업형태			
14. 입구의 높이(로드에서 점포의 높이)			
15. 권리금이 얼마인가?			
16. 출근길에 가까운가, 퇴근길에 가까운가?			
17. 투자회수기간은 얼마나 되는가?			
18. 집심상권의 건너편인가?			
19. 인커브인가 아웃커브인가?			
20. 건널목이나 육교가 앞에 있는가?			
21. 버스정류장의 앞인가 뒤인가?			
22. 앞 보도의 너비는 얼마인가?(3m 적당)			
23. 점포 앞에 가로수나 전신주가 있는가?			

커피매장의 입지

1. 입지선정

- 매장의 위치는 모든 것에 우선한다(입지의 중요성).

창업과 관련된 모든 정보를 수집하는 과정에서 누구나 사업 아이템을 선정하기 마련이다. 분식집, 레코드 샵, 꽃집 등 수없이 많은 영업형태를 살펴보더라도 매장의 위치만큼 중요한 요인은 없다. 사업 아이템이 중요한 만큼 아이템에 맞는 부동산의 위치가 중요하다는 뜻이다. 그럼에도 불구하고 다년간의 경험으로 살펴볼 때 부동산에 대한 접근은 매우 비과학적이며, 느낌을 중시하는 성향이 아직까지도 성행하고 있다고 판단된다. 특히 창업 이후 창업자가 겪게 되는 어려움 중 가장 큰 것이 바로 매장의 위치문제이다.

- 창업자는 먼저 내 상황과 환경에 알맞은 확실한 기준을 세워야 한다.

아무리 좋은 아이템과 훌륭한 창업교육을 받았다 하더라도 매장 위치에 의해 성패가 결정된다. 부족한 점이 있다고 하더라도 매장의 위치가 좋아 결점을 덮고 성공하는 매장이 되는 경우도 있다. 따라서 체인회사나 부동산에서 제시하는 기준에 맞추려 하지 말고 자신의 환경에 맞추어야 한다. 즉, 자신의 자산규모와 취미나 특기를 먼저 고려해야 한다. 요즘 유행하는 아이템이라고 골라 주변에서 자금을 맞추어 시작하면 큰 곤경에 처하는 경우가 많기 때문이다.

- 서두르지 말라.

한국이 IMF와 명예퇴직으로 몸살을 앓았을 때가 있었다. 지금이라고 크게 달라지진 않았지만 예기치 못한 시기에 직장을 그만두는 경우의 사람들이 대부분 가족과 내가 먹고 살아야 한다는 책임감 때문인지 창업을 상당히 서두르는 모습을 보인다. 이런 경우, 적절한 매장 위치를 선정하는 기회를 놓치거나 검증되지 않은 아이템을 선택하게 되어 직장을 그만둘 때보다 더 큰 위험에 처할 수 있다. 되도록 침착하고 안전한 방법으로 계획을 세우는 지혜와 인내가 필요하다. 사업계획서를 작성하는 이유도 크게 이러한 오류를 범하지 않기 위한 방법 중 하나이다.

어떻게든 열심히만 하면 먹고 살 수 있을 거라는 생각, 창업자금에 대한 이자 부담, 빨리 일자리를 찾고자 하는 스트레스에서 벗어나야 한다. 음식점은 10%가 성공하고 커피매장은 3%만 성공

한다는 점을 잊지 말아야 한다.

- 광고를 믿지 말고 부지런히 걷고 앉아서 지켜보라.

옷 한 벌, 화장품 하나, TV 하나 사는 것이 아니다. 절대로 광고를 믿지 말아야 한다. 어떠한 사업 아이템도 어려운 점이 없는 경우는 없다. 커피 역시 마찬가지다. 매장이 작은 경우에는 직원관리에, 큰 매장의 경우에는 매장관리에 어려움이 있다. 광고는 이런 어려움을 감추고 장점만을 과장하여 보여준다. 커피매장을 차리고 싶다면 먼저 커피를 직접 뽑고, 설거지하고, 로스팅을 해보면서 경험을 축적해야 한다. 강의든 아르바이트든 본인이 경험을 가지지 않고 사업을 시작하는 것은 돈을 들고 뒷골목을 돌아다니는 것과 같다. 강의료나 로스팅 실습 등의 비용이라고 해보아야 1평 인테리어 비용보다도 적다. 1평 인테리어 비용으로 경험을 축적할 수 있는 것이라면 충분한 가치가 있다고 생각된다.

2. 커피매장의 입지

1) 급배수의 필요성
2) 많은 전력 필요
3) 배기/소음/진동에 예민한 생활형태가 주변에 있는지 여부(민원)
4) 매장의 층높이 - 로스터의 크기별 매장의 기본 높이
5) 개점 초기 파워가 3년을 좌우한다.

- 커피는 식사와 같이 늘 먹지 않으면 안 되는 필수품이 아니다. 있어도 그만, 없어도 그만인 기호식품이다. 따라서 개점 이후 3개월간의 이미지가 3년을 이끌게 된다. 즉 개점 시 총력을 기울이지 않거나, 차츰 준비하면 되겠지 식의 의식으로는 실패하기 십상이다. 따라서 개점 시기를 늦추는 한이 있더라도 소홀한 부분이 있다면 즉시 시정하고, 돈이 많이 들더라도 훌륭하고 경험 많은 바리스타를 3개월간만이라도 써야 한다. 이 기간 동안 고객에게 좋은 이미지를 심어주는 역할을 할 뿐만 아니라, 매장에서 일하는 모든 사람들이 그를 통해 보고 배우고 익히는 것이 무한한 가

치를 창출하게 된다.

대형 프랜차이즈 회사도 초기 3개월간 전문 오픈 팀(오퍼레이터)과 오픈매장에서 지속적으로 일할 초심자를 함께 근무시킨다. 바로 3개월 법칙을 잘 이용해 지속적으로 수익을 창출하는 매장을 만들기 위해서이다.

커피매장은 부동산 상권이론이 전혀 통하지 않는 몇 가지 부분이 있다.[12]

첫째, 상권 내 인구이론[13]이다. 상권 내 인구, 즉 매장을 운영하거나 매장에서 일하는 사람은 커피소모량이 극히 미미하다. 매장수가 많은 곳이라고 하여 "매장 운영자들의 몇 %만 마신다고 해도 하루 몇 잔은 판매할 것이다"라고 하면서 암산을 하지 말라는 것이다. 적어도 한국에서는 상주매장의 인원이 커피 마시는 것을 기대하지 않는 것이 좋다.

둘째, 배후지 인구비례 매출이론[14]이다. 한국의 몇 %가 커피를 마신다고 계산하고 배후 아파트가 몇 세대이므로 이중 몇 %가 커피를 마실 것이라고 계산하는 것인데 이 또한 위험한 산출방법이다.

셋째, 유동인구수와 매출은 비례한다는 이론[15] 역시, 배후지 인구비례 매출이론과 함께 커피에서는 잘 맞지 않는 이론 중의 하나다. 예를 들어 인구 중 0.3%의 인구가 원두커피를 마시는 인구라고 산정하면 유동인구 10만 명이면 하루에 300잔의 커피가 판매되어야 한다. 그러나 기호식품인 커피의 경우에는 잠실 롯데월드, 영등포역 주변, 신촌 부근, 청량리역 부근에서 판매되는 커피잔 수를 산정해보면 전혀 의외의 계산이 나온다. 즉 유동인구의 수보다는 유동인구의 질과 판매금액에 따라 판매량이 결정된다. 따라서 유동인구의 질, 즉 소득수준에 따라 커피판매량이 결정된다는 이론[16]에 무게가 실린다.

쉽게 구별할 수 있는 방법이라면 지금 상담중인 상권이 유흥상권인가를 따져 본다면 될 것이다. 즉, 주류의 소비가 많은 지역은 상대적으로 커피판매량이 적다는 뜻이다.

가장 유효한 이론은 소득수준과 소비액은 비례한다는 이론[17]이다.

---

12) 이는 저자 경험에 의한 의견이며, 특정 이론을 비판하려는 의도는 없다. 또한 이는 한국의 현재 상황을 말한다.
13) 한 상권 내에 몇 명의 인구가 상주하는가에 따라 예상매출을 산정하는 방법. 즉 동일상권에 몇 개의 점포수가 있는가에 따라 유동인구와 상관없이 상주인구의 소비량을 매출로 연결하는 이론.
14) 배후지의 인구가 많을수록 매출액도 크다는 이론.
15) 유동인구수가 많을수록 매출액도 크다는 이론.
16) 신촌 지역 등 학생들이 많은 지역의 판매량은 소득수준보다는 문화수준에 대한 갈증의 반영으로 보아야 한다.
17) 소득수준이 높을수록 소비액도 높다는 이론.

한국 내에서 가장 많은 커피판매량을 보이는 지역이 테헤란로 주변, 여의도 그리고 광화문 주변이란 점은 이 이론을 반증할 뿐 아니라 커피산업에서도 상당히 영향력을 끼치는 사실이다. 특히, 주택가임에도 불구하고, 올림픽선수촌 아파트 단지 내 상가와 목동아파트 단지 내 상가, 분당의 넓은 아파트 분포지역은 '기호식품은 주거지역에서는 판매량이 미미하다'는 주장을 무색하게 만드는 좋은 자료이면서 소득수준과 커피소비량은 비례한다는 이론을 뒷받침하는 근거자료가 된다.

따라서 소득수준이 높을수록 문화수준이나 해외경험 등 커피소비의 긍정적인 요인에 노출될 확률이 높다는 뜻이며, 급여가 많이 지급되는 회사들이 모인 부동산의 위치가 성공의 1단계가 된다.

유효한 이론 중 잉여시간과 매출은 비례한다는 이론이 포함될 것으로 판단된다. 대표적인 젊은 이들의 상권인 신촌과 대학로 그리고 소득수준에서 예를 든 올림픽선수촌 아파트와 목동, 분당 등지의 인구 역시 잉여시간을 즐기는 대표적인 개체군이란 점이 이를 증명한다.

또 하나의 증거라면 종로상권을 들 수 있다. 종로상권은 학원이 밀집된 지역으로 영어학원 등 어학원이 주요 구성군이다. 학원이 밀집된 지역이다 보니 대학의 방학시즌에는 평월 대비 약 230%의 매출 증가가 있다는 점 등 잉여시간이론 역시 커피매출에 중요한 요인이 된다. 그렇다고 학원가의 매출액이 늘 모두 높지는 않다. 노량진 입시학원이나 자격시험을 위주로 한 학원가는 매출에서 차이를 보이기 때문이다.

마지막으로 유효한 이론으로는 지식수준과 매출액은 비례한다는 이론이 있다.

이 이론은 소득수준과 매출과의 비례관계를 보충하는 데에 종종 이용되는 것으로, 소득수준이 아무리 높다 해도 커피에 대해 지적접근이 없는 사람이라면 커피를 마시는 확률이 낮다는 뜻이다. 예를 들어 수도권 인근의 빌딩이나 토지를 통해 상당액의 임대료 등을 취득하는 고소득자라고 하더라도 이들은 커피를 마시는 확률이 낮다는 뜻이다.

따라서 커피매장의 위치를 선택할 때에는,
1. 소득수준이 높은 배후지를 가지고 있으며
2. 잉여시간과
3. 지적 수준이 높은 장소에 커피매장을 오픈하는 것이 가장 실패확률이 낮다.

하지만 기존의 부동산이론을 무시할 필요는 없다. 유동인구가 많을수록 유리하다. 강남역과 압구정, 청담, 광화문 등지는 이러한 모든 요소를 갖추고 있다. 따라서 매출 역시 높은 지역으로 발전된 것이다.

여기에서 한발만 더 생각해보자. 위에서 거론된 지역들은 이미 거대상권으로 발전되어 있으므로, 한국의 독특한 권리금 문화 그리고 높은 월세와 보증금을 감당할 수 있을까 하는 의문점을 던져 보아야 한다. 커피는 생산성과 판매가능량, 판매시간대의 집중성, 인건비와 월세, 손실률 등을 폭넓게 계산하여야만 손익을 평가할 수 있기 때문이다. 따라서 개인으로 밀집지역에서 생존하기는 책에 나올 정도로 힘들다는 점을 감안하여 커피매장의 위치를 결정하여야 하며, 본인의 특기와 결합가능성을 타진하여야만 한다.

커피매장의 상권은 미개발지 또는 장기적인 안목이 필요한 상권은 불리하다. 거의 완성단계의 상권이나 성숙한 상권에 배치되는 것이 좋다. 특히, 복합매장형의 매장이나 테이크아웃(Take-out) 형태의 매장은 더욱 이러한 집심성의 특징을 띄게 된다.

굳이 장기적인 안목으로 접근할 수 있는 매장의 형태라면 로스팅 하우스(Roasting House)가 적당하다.

커피매장의 기능 변화

기 능	과 거	현 재
만남	약속장소	휴대폰 발전으로 기능저하
음악	음악감상	개인휴대음원의 발전(mp3 등)
장소	대화의 장소	공원/놀이공원/차량의 보급으로 기능저하
커피의 질	인스턴트 커피의 보급	최고급 커피의 보급
정보수집	정보수집-신문, 잡지	정보수집-인터넷, 잡지, 정보공유(동호회)
판매품목	커피, 칵테일 등	커피, 서적, 음반, 간식류, 악세사리, 와인, 게임 등
고객구성	연인 중심	동성/직장/친구 중심
판매형태	풀 서비스(Full Service)	셀프 서비스(Self Service)
숙련도	일반인 수준	전문분야
사용컵	세라믹 컵	종이 컵
부재료	설탕, 프림	우유, 초코렛
전체적으로	커피와 음악다방	다기능 복합기능

매장의 형태별 장단점

구 분	장 점	단 점	기 타
프랜차이즈샵 (Take-out)	시스템에 따라 움직이므로 마케팅 등에 대한 부담이 적다.	본사의 역량에 따라 매출이 심하게 흔들린다. 점주의 의사와 반하는 경우가 많다.	
커피전문점 (Cup)	안정성을 쉽게 확보할 수 있다.	경쟁이 심하고 매장구입과 인테리어에 많은 비용이 소요된다.	
커피전문점 (Bean + Cup)	이미지 마케팅이 쉽다.	쾌적성 유지와 자본이 (인테리어/유지비) 필요하다.	
커피전문점 (Bean)	창업비용이 적다.(인테리어 등)	상당한 영업력이 필요하다.	
샌드위치 카페	타겟층이 같아 마케팅이 쉽다.	보완매출이 없어 위험하다.	
베이커리 카페	안정적인 매출을 기대할 수 있다.	기술력이 상당히 필요하게 된다.	전문적인 역량을 갖출 수 있을까?
토스트 카페	소비연령층을 낮추어 매출신장	향기충돌이 심하고 커피가격이 떨어진다.	
애견카페		위생 문제 발생	
떡 카페	소비연령층의 확대		
아이스크림 카페	계절별 상호보완		
기타			

MENU

아메리카노

카푸치노

13

커피하우스 메뉴

기본 메뉴

아이스 음료

블렌디드 음료

생과일주스

기본 메뉴

1

에스프레소(Espresso)

1. 분쇄한 커피 약 7g을 넣고 탬핑한다.
2. 9바(Bar)의 압력으로 25초 동안 30㎖(1oz)를 추출한다.
3. 기호에 따라 설탕과 함께 서빙한다.

리스트레토(Ristretto)

1. 1샷(Shot) 기준 분쇄한 커피 약 7g을 넣고 탬핑한다.
2. 15~20초 동안 약 20㎖를 추출한다.

룽고(Lungo)

1. 1샷 기준 분쇄한 커피 약 7g을 넣고 탬핑한다.
2. 45~50초 동안 50~60㎖를 추출한다.

도피오(Doppio)

1. 분쇄한 커피 약 14g을 넣고 탬핑한다.(에스프레소 2샷)
2. 50~60㎖를 추출한다.

2

마끼아또(Macchiato)

1. 에스프레소 30㎖를 추출한다.
2. 우유 100㎖를 넣고 스티밍한다.
3. 우유거품을 스푼으로 떠서 넣는다.

3

콘 파나(Con Panna)

1. 에스프레소 30㎖를 추출한다.
2. 휘핑크림을 가장자리부터 돌려서 얹어준다.

4

아메리카노(Americano)

1. 잔에 뜨거운 물 80%를 준비한다.
2. 준비한 잔 위에 에스프레소 30㎖를 추출한다.

5

카페 라떼(Caffe Latte)

1. 에스프레소 30㎖를 추출한다.
2. 차가운 피쳐에 찬 우유 160㎖를 넣고 스팀으로 거품을 조금만 내준다.
3. 잔의 90%까지 스팀밀크를 부어주고 거품은 조금(0.5cm 이하)만 채워준다.

6

카푸치노(Cappuccino)

1. 에스프레소 30㎖를 추출한다.
2. 찬 우유 150㎖를 넣고 스팀으로 거품을 충분히 내준다.
3. 잔의 70%까지 스팀밀크를 부어주고 나머지 40%를 풍부한 밀크폼으로 채운다.(이때 잔의 경계보다 거품이 더 올라오게 한다.)
4. 입에 붙지 않고 향과 맛이 좋은 시나몬 파우더를 기호에 따라 가볍게 올려준다.

7

카페 모카(Caffe Mocha)

1. 잔에 모카 소스를 1번 펌프한다.(또는 초코 파우더 1스푼을 넣는다.)
2. 에스프레소 1샷을 추출해 넣는다.
3. 스팀밀크를 80%까지 넣는다.(이때 낙차를 이용해 소스와 섞이도록 한다.)
4. 휘핑크림으로 장식한다.
5. 초코 시럽과 초코 파우더로 장식한다.

8

카라멜 마끼아또(Caramel Macchiato)

1. 바닐라 시럽을 1번 펌프한다.
2. 에스프레소 1샷을 추출해 넣는다.
3. 스팀밀크를 70%까지 넣는다.
4. 훌륭한 밀크폼을 10㎜ 이상 올린다.
5. 카라멜 소스로 장식한다.

9

녹차 라떼(Greentea Latte)

〈녹차 카푸치노 / 밤 라떼 / 고구마 라떼〉

1. 잔에 녹차 파우더를 7g 정도 넣는다.
2. 차가운 피쳐에 찬 우유 160㎖를 넣고 스팀으로 거품을 조금만 내준다.
3. 잔의 90%까지 스팀밀크를 부어주고 거품은 조금만 채워준다.

아이스 음료

1

아이스 아메리카노(Iced Americano)

1. 아이스 잔에 얼음 7~8조각을 넣는다.
2. 에스프레소를 추출해 넣는다.
3. 차가운 생수를 넣는다.

2

아이스 카페 라떼(Iced Caffe Latte)

1. 아이스 잔에 얼음 7~8조각을 넣는다.
2. 에스프레소를 추출해 넣는다.
3. 찬 우유 150㎖를 넣는다.

3

아이스 모카(Iced Mocha)

1. 아이스 잔에 모카 소스를 1.5번 펌프한다.
  (또는 초코 파우더 1.5스푼을 넣는다.)
2. 에스프레소를 추출해 넣는다.
3. 아이스 잔에 얼음 7~8조각을 넣는다.
4. 찬 우유 150㎖를 넣는다.
5. 휘핑크림으로 장식한다.
6. 초코 시럽으로 장식한다.
7. 초코 파우더로 토핑한다.

블렌디드 음료

1
모카 블렌디드(Mocha Blended)

1. 찬 우유 150㎖를 넣고, 모카 소스를 2번 펌프(또는 초코 파우더 2스푼)한다.
2. 에스프레소를 추출해 넣는다.
3. 블렌더에 얼음 7~8조각을 넣고 블렌딩한다.
4. 휘핑크림으로 장식한다.
5. 초코 시럽으로 장식한다.
6. 조코 파우더로 토핑한다.

2
카라멜 블렌디드(Caramel Blended)

1. 찬 우유 150㎖를 넣고, 카라멜 소스를 2번 펌프한다.
2. 에스프레소를 추출해 넣는다.
3. 블렌더에 얼음 7~8조각을 넣고 블렌딩한다.
4. 잔의 80%까지 부어준다.
5. 휘핑크림으로 장식한다.
6. 카라멜 소스로 장식한다.

3
그린티 블렌디드(Greentea Blended)

1. 찬 우유 150㎖를 넣고 녹차 파우더를 10g 정도 넣는다.
2. 블렌더에 얼음 7~8조각을 준비한다.
3. 15~20초 동안 블렌딩한다.
4. 잔의 80%까지 부어준다.
5. 휘핑크림으로 장식한다.
6. 그린티 파우더로 토핑한다.

생과일주스

1

1. 딸기주스 (Strawberry Juice)

신선한 딸기를 블렌드하여 만드는 음료로 신선한 과일의 맛을 즐기는 무탄산, 무카페인 음료이다. 딸기는 봄철 과일이므로 사시사철 구하기는 쉽지 않아 계절음료로 분류되지만 일부 매장에서는 냉동과일을 사용하기도 한다. 물 대신에 우유를 넣어 밀크쉐이크로 만들기도 한다.

① 블렌더에 분량의 물과 설탕시럽, 딸기퓨레, 얼음을 넣고 갈아준다.
② 분량의 딸기를 넣고 블렌더 칼날이 천천히 돌아가는 버튼을 눌러 갈아준다. 혹은 작동버튼을 여러 차례 눌러 키위의 씨가 갈리지 않도록 주의하며 간다.
   cf. 딸기는 오래 갈면 딸기씨가 씹히면서 느껴지는 생과일주스의 신선한 느낌이 사라지고 과일은 칼날이 닿으면 비타민 성분이 파괴되므로 가능한 한 블렌딩 시간을 줄인다.
③ 잔에 1/3정도 얼음을 담고 8부까지 부어준다.
④ 딸기를 1/2로 잘라 잔 위에 올려 장식한다.

2

2. 키위주스 (Kiwi Juice)

신선한 키위를 블렌드하여 만드는 음료로 신선한 과일의 맛을 즐기는 메뉴이다. 유제품이 들어가지 않아 깔끔하고 개운한 느낌의 달지 않은 무탄산, 무카페인음료이다.

① 블렌더에 분량의 물과 설탕시럽, 키위퓨레, 얼음을 넣고 갈아준다.
② 분량의 키위를 넣고 블렌더 칼날이 천천히 돌아가는 버튼을 눌러 갈아준다. 혹은 작동버튼을 여러 차례 눌러 키위의 씨가 갈리지 않도록 주의하며 간다.
   cf. 키위씨가 갈리면 음료를 마시고난 후 목뒤가 껄끄럽고 매운 듯한 느낌이 난다. 과일은 칼날이 닿으면 비타민 성분이 파괴되므로 가능한 한 블렌딩 시간을 줄인다.
③ 잔에 1/3정도 얼음을 담고 8부까지 부어준다.
④ 키위를 얇게 저며 잔 위에 올려 장식한다.

14

커피하우스 메뉴관리

The Dining & Eating Market

Menu Engineering

The Dining & Eating Market

1. Dining Well

- Dining(as opposed to eating) is predominantly a social events, service is import.
- 사회적 지위와 품위를 대변하는 마켓 그룹(Market Group)을 형성
- 고급의 서비스를 지향하는 다이닝(Dining)이 여기에 속함
- On-premise : Fine Dining, Casual Upscale Restaurant

Fine Dining Restaurant

- 전반적인 풀 서비스를 해주는 곳
- 아주 좋은 소규모의 시설이 갖추어져 있음
- 독립적으로 운영
- 100석 미만의 좌석을 확보하고 있으나 서비스 품질은 매우 뛰어남
- 현재 미국에서는 1% 미만이 이 카테고리에 속하며 미국 인구의 4%가 이곳의 주 고객.
- 1980년대 이후에 그 숫자가 계속 줄어들고 있음

2. Eating Market Dynamics

- 패스트푸드(Fast-food)와 중형 식당(Midscale Restaurant) 고객이 주류
- Off-premise : Take-out, Drive-through and Delivery Restaurant
- Home Meal Replacement (HMR시장)

Take-out

- 아주 오래 전부터 있던 형태이나 최근에 급속하게 성장
- 패스트푸드점에서도 이루어지며 또한 Midscale 식당에서도 Take-out을 제공하고 많은 Upscale 식당에서도 행해지고 있음

Drive-thru

- 패스트푸드점에서 존재하는 형태
- 주로 작은 점포가 필요하므로 경영을 위한 자본이 적게드는 장점
- 단순한 메뉴만을 만들기 때문에 적게 들고 빠른 배달은 많은 손님들에게 어필

Menu Engineering

1. 메뉴분석이 필요한 이유

- 메뉴는 레스토랑의 실제적인 얼굴이 되는 것으로 단순히 판매도구의 기능이라기보다는 사업의 성패를 좌우하는 중요한 매체.
- 메뉴의 가격을 결정하기 위해서는 기존의 레스토랑 메뉴를 철저히 분석하고 메뉴의 생명을 얼마로 결정할지 고려해야 함.
- 메뉴판매량, 원가 비교법, 메뉴의 수익기여도, 분석법.
- 메뉴는 커뮤니케이션의 수단이 될 수 있음.
- 메뉴공학은 고객수요, 메뉴믹스, 품목별 공헌이익도 등의 세 가지 요인에 초점을 두고 분석한다.
- 고객수요 : 일정기간 동안 해당업소를 이용한 고객의 총 수
- 메뉴믹스 : 품목에 대한 고객의 선호도 분석(판매된 메뉴수/총판매량)
- 공헌이익 : 품목별 총이익은 판매가와 식재료비의 차액(판매금액−변동비)

2. Kasavana & Smith Method

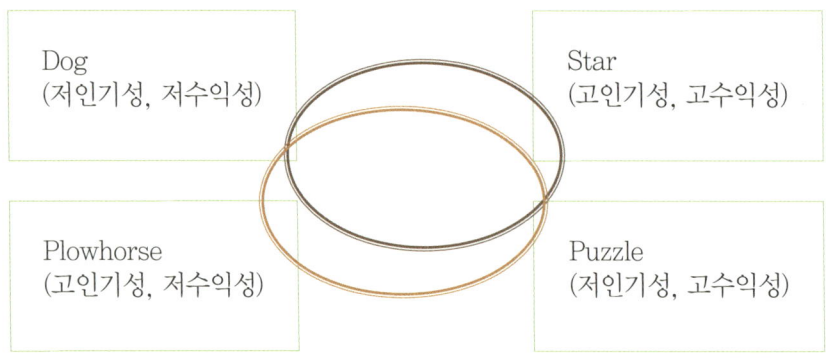

가격결정, 고객의 수요, 메뉴믹스 분석, 아이템의 공헌이익의 중요도에 따라 모든 품목을 선호도와 원가를 기준으로 4개 그룹으로 나눔

    1) 선호도와 수익성이 단순 산술 평균에 의해서 산출된다.
    2) 식자재의 원가를 제외한 다른 비용이 고려되지 않는다.
    3) 아이템의 판매가 결정전략을 분석에 고려하지 않는다.
    4) 판매촉진, 추가판매 등과 같은 외적인 변수를 전혀 고려하지 않는다.

Dog (저인기성, 저수익성)
1. 메뉴에서 삭제
2. 철수전략을 심각하게 고려
3. 아이템의 판매가를 인상하여 Puzzle로

Star (고인기성, 고수익성)
1. 현재 수준유지
2. 가격변화에 민감하지 않기 때문에 가격인상 시도
3. 눈에 띄기 쉬운 위치에 배열

Plowhorse (고인기성, 저수익성)
1. 신중한 판매가격 인상 시도
2. 가격인상에 반발이 있을 경우 아이템을 재배치나 재패키지하여 가격인상

Puzzle (저인기성, 고수익성)
1. 생산하는 데 많은 노동력이 필요하게 될 경우 삭제를 고려해야 함
2. 고객이 잘 볼 수 있도록 좋은 위치에 배열
3. 아이템의 이름 변경
4. 판매가 인하를 통해 선호도를 높임
5. 이 그룹에 속한 아이템 수의 최소화

메뉴항목	판매수	믹스(%)	원가	판매가격	품목당 이익	품목당 총원가	품목당 총매출	품목당 총이익	이익 공헌도 범위	메뉴믹스 범위	메뉴등급 구분
아메리카노	420	42	880	2,000	1,120	369,600	840,000	470,400	저	고	Plowhorse
카푸치노	360	36	1,800	3,400	1,600	648,000	1,224,000	576,000	고	고	Star
까페라떼	150	15	1,760	3,800	2,040	264,000	570,000	306,000	고	저	Puzzle
콘파나	70	7	1,600	2,600	1,000	112,000	182,000	70,000	저	저	Dog
총계	1,000					총원가 1,393,600	총매출 2,816,000	총이익 1,422,400			
						총원가비율 49.5%	평균이익 1,422.4	메뉴믹스 비율 17.5%			

(1) 메뉴품목을 정하고   (2) 메뉴믹스를 산출
(3) 메뉴품목을 구분   (4) 그 메뉴 품목에 관한 의사 결정

이와 같은 메뉴공학에 의한 메뉴를 분석하기 위해서는 1개월 이상의 매출을 기준으로 한다.

- 메뉴믹스 % = 메뉴품목 판매수 / 총메뉴 판매수 : 420/1,000 = 42%
- 품목당 이익 = 판매가격-품목원가 = 공헌이익 예) 아메리카노 2,000-880 = 1,120
- 품목 총원가 : 품목원가×판매수 : 420×880 = 369,600
- 총원가 : 모든 식자재 원가를 말함 : 369,600+648,000+264,000+112,000 = 1,393,600
- 품목당 총매출 : 판매수×판매가격 : 420×2,000 = 840,000
- 품목당 총이익 : 판매수×품목당 이익(공헌이익) : 420×1,120 = 470,400
- 총이익 : 품목당 총이익을 합한 것 : 470,400+576,000+306,000+70,000 = 1,422,400
- 총원가비율(%) = 총원가 / 총매출 : 1,393,600/2,816,000 = 49.5%
- 평균이익 : 총이익 / 총판매수 : 1,422,400/1,000 = 1,422.4
- 메뉴품목은 이익 공헌도에 따라 고(high)와 저(low)로 구분하는데, 각 품목이익과 평균이익을 비교하여 더 크면 '고', 작으면 '저'로 나타낸다.
- 메뉴믹스 비율 : 특별한 규칙에 의해 정해지는 것으로 메뉴품목이 70% 이상 판매되었을 때 메뉴비율에서 '고'의 위치에 있는 것이다.

위의 보기에서 4개의 품목 수를 갖는 메뉴의 경우, 품목당 평균 기대 인기도는 1/4=25%이지만, 현실에서 성취할 수 있는 판매 정도가 25%에 이르지 않기 때문에 현실을 예상해서 70%만 팔릴 것으로 예상한다. 25%×70%=17.5%

3. 분석

1) **Star** : 질과 1인분의 양을 표준화, 규격화하여 계속 유지하면서 메뉴표에서 가장 눈에 잘 띄는 곳에 배치한다. 가격의 탄성력을 실험해 본 후 가격의 상향조정 여부를 결정해야 하나 현재도 이익률이 높은 편이므로 모험은 피하는 것이 좋다.

2) **Plowhorse** : 고객의 가격 인지도를 조사하여 가격탄력성이 높으면 업소의 여건에 맞는 범위에서 인상이 가능하지만, 현재의 판매량에 영향을 주지 않는 선에서 결정하는 것이 좋다. 가격상승에 따른 고객 불만은 서비스를 강화하고, 부식의 종류나 질을 높이는 방법을 고려해볼 수 있다. 메뉴판의 위치는 고객들이 카푸치노 같은 이익기여도가 높은 품목을 택하도록 유도하기 위해 상대적으로 눈에 덜 띄는 곳에 배치한다.

3) **Puzzle** : 이익기여도가 높은 반면에 판매량이 저조한 경우이므로 가격의 하향조정과 마케팅 촉진으로 판매량을 늘릴 수 있도록 한다. 또한 메뉴판에서의 위치는 눈에 잘 띄는 곳에 배치한다.

4) **Dog** : 대부분의 고객으로부터 외면당하는 품목으로 메뉴에서 삭제하는 것이 좋다.

부록

가맹 또는 점주가 종합소득세를 절세하는 방법

커피와 건강에 관한 연구

영국의 일간지 인디펜던스 지에 실린 건강하게 사는 30가지 방법

세계 커피학교에 관한 정리

커피인이라면 가봐야 할 인터넷 사이트

가맹 또는 점주가
종합소득세를 절세하는 방법

1. **부가가치세도 필요경비로 인정되는 경우가 있다.**
    - 부가가치세가 면제되는 사업자가 부담하는 매입세액
    - 부가가치세 간이과세자가 납부한 부가가치세액
    - 비영업용 소형승용차의 유지에 관한 매입세액
    - 영수증을 교부받은 거래분에 포함된 매입세액으로서 공제대상이 아닌 금액
    - 접대비 및 이와 유사한 비용의 지출에 관련된 매입세액
    - 부동산 임차인이 부담한 전세금 및 임대보증금에 대한 매입세액

2. **각종 충당금을 계상하라.**
    - 비품 등 고정자산에 대한 감가상각비를 일정한도 내에서 비용으로 계상한다.
    - 사업자가 외상매출금, 미수금, 기타 이에 준하는 채권에 대한 대손예상액을 손충담금으로 비용계상한 경우에 일정금액 범위 안에서 비용으로 인정한다.
    - 사업자가 사용인의 퇴직급여에 충당하기 위하여 퇴직급여충당금을 장부상 비용으로 계상한 경우에는 일정금액의 범위 안에서 비용으로 인정한다.

3. **재해로 자산을 상실한 경우에도 세액공제를 받는다.**
    - 사업자가 화재, 홍수 등 재해로 인하여 자산 총액의 30% 이상을 상실한 경우에는 사업소득세 중 그 상실된 비율에 따라 계산한 금액 가운데 일정금액을 납부할 세액에서 공제하여 준다.

4. **납부할 세액의 과세표준이 3000만원을 초과하는 경우에는 법인이 유리하다.**
    - 종합소득세 세율은 개인의 경우에는 9, 18, 27, 36%이며, 법인세 세율은 15.27%이기 때문이다.

5. 결손이 나더라도 종합소득세를 신고하라.
   - 차후 5년간 내야 할 세금에서 결손을 보전받을 수 있다.

6. 공동사업을 하면 소득세 부담은 줄어들지만 연대납세 의무가 있다.
   - 소득세는 각 개인별로 과세한다. 그러나 공동사업자 중에 특수관계인이 포함된 경우, 그 특수관계인의 소득금액은 지분 또는 손익분배의 비율이 큰 공동사업자의 소득금액으로 보아 합산과세한다.

7. 중소규모 사업자는 간편장부를 비치, 기장하면 된다.
   - 간편장부란 중소 규모 사업자를 위하여 국세청에서 고안한 장부로 음식점의 경우 직전년 수입금액이 1억5천만 원 미만인 경우는 간편장부를 하여 소득금액을 계산한 다음 간편장부소득금액계산서를 제출하고 세액공제를 신청하면 산출세액의 10%(100만 원 내)를 공제해준다.

8. 가공세금계산서를 샀다가 적발되면 불이익이 크다.

9. 세금 낼 돈이 없어도 신고는 해라.
   - 신고불성실가산세 등을 물어야 한다.
   - 종합소득세 계산 시 비용을 인정받지 못한다.
   - 부가가치세 매입세액을 공제받지 못한다.

10. 전기료, 전화료, 도시가스료 등에 포함된 부가가치세도 환급받을 수 있다.

커피와 건강에 관한 연구
- 하버드 연구팀의 집계 분석 -

커피를 습관적으로 많이 마실수록 마시기 시작한 지 7일째부터는 당뇨병에 걸릴 확률이 적어진다. 이는 2005년 1월까지 전 세계적으로 193,473명을 대상으로 한 연구 조사 결과를 하버드 연구팀이 집계 분석(Meta-analysis)한 것이다.

미국 의사회지(JAMA)를 통해 발표된 내용은 다음과 같다.

| | 성인형 (제 2형 당뇨병 발생 확률) | | | |
	(대상자 193,473명 중 당뇨병 발생: 8,394명)			
하루 커피	0잔	1~3잔	4~5잔	6잔 이상
남자	1	0.9	0.71	0.60
여자	1	0.98	0.58	0.50
정상체중자	1	0.95	0.75	0.50
비만자	1	0.94	0.60	0.62

1. 커피의 지방분해

커피는 몸에 흡수된 후 지방을 열량으로 소모되기 위한 유리지방으로 분해해주는 역할을 한다. 따라서 커피는 운동 전 2시간 정도 전에 마시는 것이 체지방 감소에 영향을 준다. 이렇게 하면 지방이 쉽게 분해되어 근육에 열량을 공급하는 능력이 좋아지게 되고 근지구력이 상승되어 장시간 움직이는 운동에 아주 좋은 결과를 얻게 된다.

2. 정신집중

커피는 우리 몸에 흡수되면서 중추신경계에 자극을 주게 된다. 이러한 이유로 우리의 두뇌는 세포간 뛰어난 교류를 보이게 되어 집중력과 기억력이 상승되게 된다. 보통 커피가 25% 정도의 집중력을 상승시킨다는 보고가 있다. 커피를 소모하는 많은 층이 두뇌운동이 많이 필요한 계층이라는 점을 감안하면 본능적으로 집중력을 높이는 커피를 직업적인 필요에 의해서 마시는 사람들이 많아지게 된다는 점을 알 수 있다.

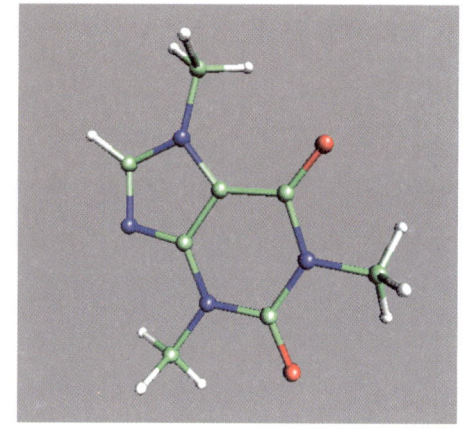

〈카페인의 화학구조〉

3. 커피 마시는 양에 비례

- 하루 6잔 이상 습관적으로 마시는 사람은 마시지 않는 사람보다 그 반수 이상이 당뇨병에 걸리지 않는다. 커피가 예방해주는 당뇨병은 1형 당뇨병이 아니고 2형 당뇨병이다.
- 1형 : 인슐린 분비 부족에 따른 당뇨병, 2형 : 인슐린의 감수성 저하 등에 따른 당뇨병
- 커피 한 잔이라 함은 미국식 잔으로는 250cc 정도를 말하며 유럽식 잔으로는 130cc 정도를 말한다. 앞 페이지의 표에서 보는 바와 같이 많이 마시는 사람일수록 당뇨병에 안 걸린다.

4. 식후 혈당이 잘 내려간다.

- 커피를 마시면 공복 시 혈당보다는 식후 혈당이 잘 내려간다.
- 왜냐하면 마시는 순간 소장에서부터 작용하기 때문이다.

5. 커피를 갑자기 마시는 사람은 오히려 유해

- 커피를 마시지 않던 사람이 갑자기 커피를 마시면 오히려 혈당이 올라간다.
- 그러나 커피를 꾸준히 7일간 마신 후부터는 혈당이 내려가기 시작한다.

6. 당뇨병 억제 성분

커피에는 클로로제닉산(Chlorogenic Acid)이라는 항 당뇨병 성분이 4%가 함유되어 있다. 이 성분은 커피를 끓이면 락톤 형(Lactone Quinides)으로 변한다. 이 클로로제닉산은 소장에서 락톤 형 그대로 흡수되어 60분까지는 최고 혈중 농도를 나타낸다. 하루 6잔 이상 마시는 사람은 바로 이 성분이 혈중에 지속적으로 존재하면서 혈당을 내려준다.

그렇다면 커피를 안 마시던 사람이 커피를 마시면 왜 혈당이 올라가는가? 커피 속에는 카페인이 들어 있다. 카페인은 에피네프린(Epinephrine)을 증가시킨다. 에피네프린은 저장된 포도당을 혈중으로 유리시키는 작용을 하며 지방을 당으로 유리시키고 단백질을 분해시켜 혈당을 증가시킨다. 그러나 커피를 7일 이상 만성적으로 마시는 사람은 커피 중의 항 당뇨성 성분인 클로로제닉산이 카페인의 작용을 중화시켜 주므로 카페인의 혈당 증가 작용은 없어지게 된다.

7. 인스턴트 vs. 내리는 커피

커피를 주방에서 추출하여 마시는 이른바 원두커피(Roasted Coffee)는 항 당뇨병 성분 등 좋은 성분이 더 많이 추출된다. 인스턴트 커피는 30% 정도가 약효 성분이 모자란다. 그러나 만성적으로 커피를 계속 마시는 사람에게는 원두커피든 인스턴트 커피든 차이가 없다.

영국의 일간지 **인디펜던스 지에** 실린
건강하게 사는 30가지 방법

1. **마늘을 하루 1~2알 정도 섭취하라**
   마늘이 노화 방지와 수명 연장에 효과가 있다는 것은 각종 실험을 통해 이미 증명된 바 있다. 하루에 5㎖의 마늘을 섭취하면 각종 질병을 유발하는 체내 유해 화학물질을 48%까지 감소시킬 수 있고 암이나 면역체계 이상, 관절염 등을 예방할 수 있다. 기억력 감소나 뇌 기능 저하로 인한 치매 예방에도 효과가 있는 것으로 알려져 있다.

2. **적당한 운동을 꾸준히 하라**
   매일 일정 거리를 산책하거나 주 3회 정도 적당한 운동을 하면 뼈가 튼튼해지는 것은 물론 심장질환 발병 위험이 줄어든다. 산책을 할 때는 적당한 긴장감이 느껴질 정도로 빠른 걸음으로 하는 것이 좋다.

3. **정제하지 않은 곡물 섭취를 늘려라**
   정제하지 않은 곡물로 만든 음식을 주 4회 정도 섭취하면 암 발생 위험을 40% 줄일 수 있다.

4. **야채와 과일을 많이 먹어라**
   야채나 과일을 하루 5차례 먹어주면 뇌졸중이나, 심장병, 암, 당뇨병 등의 예방에 효과가 있고 여성의 경우 유방암 위험을 절반으로 줄일 수 있다. 특히 토마토나 포도, 브로콜리 등을 많이 섭취하는 것이 좋다.

5. **패스트푸드 섭취를 줄여라**
   햄버거나 감자 튀김 등의 패스트푸드는 칼로리가 높고, 영양 불균형을 초래할 위험이 크다. 이런 음식을 많이 먹을 경우 관상동맥 질환이나 뇌졸증, 심장병 발병 위험이 커진다.

6. **생선을 많이 먹어라**
   연어나 참치, 정어리 등의 생선에 많이 함유된 오메가-3 지방산은 혈전 생성을 방지하고 생선 기름은 면역체계를 강화한다. 한 달에 한 번 정도만 생선을 먹어도 심장병 예방에 탁월한 효과가 있다는 사실이 이미 연구를 통해 밝혀진 바 있다.

7. 소금을 적게 먹어라
세계보건기구(WHO)가 내놓은 1일 염분 섭취 권장량은 5mg 이하로 되어 있다. 음식을 지나치게 짜게 먹을 경우, 심장병이나 뇌졸중의 위험이 높아지므로 각별히 유의해야 한다.

8. 적당량의 와인을 마셔라
하루 2잔 정도의 와인은 감기를 예방하고 암이나 치매 예방에도 효과가 있다. 건강을 생각한다면 맥주보다는 와인을 마시는 편이 낫다. 그러나 와인도 1주일에 30잔 이상을 마실 경우 오히려 각종 질병의 원인이 될 수 있음을 알아야 한다. 무엇이든 지나쳐서 좋은 것은 없다.

9. 하루 2잔 정도 커피를 마셔라
하루에 커피를 2잔 정도 마시는 사람은 결장암 발생 위험이 25% 줄어들고, 담석은 45%, 간경변은 80%, 천식은 25%, 파킨슨병 발병 위험은 50~80%까지 줄어든다는 연구 결과가 나와 있다. 임신한 여성 중 고혈압으로 고생하는 사람이라면 혈압을 낮추는 데 커피가 좋다. 그러나 역시 하루 11잔 이상 커피를 마시는 것은 금물이다.

10. 차를 많이 마셔라
차를 많이 마시는 사람은 그렇지 않은 사람에 비해 심장병 발병 위험이 절반으로 줄어든다.

11. 체중을 줄여라
과체중인 사람은 표준체중에서 1kg 초과할 때마다 수명이 20주씩 단축된다는 연구 결과가 나온 바 있다. 체질량 지수(BMI, 몸무게(kg)를 신장(m)의 제곱으로 나눈 값)가 25를 넘는 사람이라면 체중을 줄이기 위한 노력을 하는 것이 좋다.

12. 무리한 체중 감량은 피하라
살이 쪘다고 해서 한꺼번에, 무리하게 체중 감량을 하겠다는 생각은 버려야 한다. 쉽고 편하게 살을 빼는 방법 같은 건 없다. 장기적인 계획을 세워 열량 섭취를 줄이고 꾸준히 운동을 하는 것이 좋다.

13. 콜레스테롤 수치를 낮춰라
심장병이나 뇌졸중을 예방하는 데 이보다 좋은 방법은 없다. 포화지방이나 콜레스테롤이 적게 함유된 음식 위주로 식단을 짜고 지방 섭취를 줄이는 것이 좋다.

14. 아스피린

진통제로만 알고 있는 아스피린이 실제로 결장암이나 위암, 직장암, 전립선암 등을 예방하는 데 효과가 있음이 각종 연구를 통해 밝혀지고 있다. 그러나 아스피린을 복용하기 전에 반드시 담당 의사와의 상담을 거쳐야 한다는 사실을 기억해야 한다.

15. 자주 성관계를 가져라

미국의 한 연구팀이 발표한 자료에 의하면 1주일에 2차례 이상 성관계를 갖는 사람은 체내 면역체계가 강화 돼 감기에 덜 걸리는 것으로 나타났다. 또 일주일에 3차례 이상 성관계를 갖는 사람은 그렇지 않은 사람에 비해 10년 정도 젊어 보인다는 연구 자료도 있다.

16. 자신만의 스트레스 해소법을 계발하라

스트레스는 만병의 근원이다. 과도한 긴장이나 스트레스가 장기간 축적되면 정신분열이나 불안장애, 우울증 등 정신 질환을 유발할 가능성이 높아지고 알레르기성 질환이나 류머티스성 질환, 심장혈관계 질환을 앓을 가능성도 커진다. 1주일에 3차례 정도 '격렬한' 운동을 하면 스트레스 해소에 도움이 된다.

17. 담배를 끊어라

건강하게 살고 싶다면 어떤 수단을 동원해서라도 담배를 끊어야 한다.

18. 입 냄새를 없애라

입 냄새는 입 속의 박테리아로 인해 생기는 경우가 대부분이다. 식사 후 반드시 양치질을 하고, 양치질을 할 때 칫솔로 혓바닥을 문질러 주면 입 냄새 제거에 도움이 된다. 정기적으로 치과를 찾아 검진을 받는 것도 필요하다.

19. 노래를 불러라

사람들과 어울려 노래를 부르면 스트레스 해소는 물론 우울증이나 대인공포증, 불안장애 치료에 도움이 된다. 물론 악기 연주를 함께 한다면 금상첨화.

20. 콧노래를 흥얼거려라

콧노래를 흥얼거리면 기도는 물론 콧속의 공기 흐름이 빨라져 축농증 예방에 효과가 있다. 감기로 코가 막힌 경우에도 콧노래를 부르면 효과를 볼 수 있다는 것이 전문가들의 조언이다.

21. 충분한 수면을 취하라

잠은 체내 면역체계를 유지하는 데 필수 요건이다. 미국 피츠버그 대학 연구팀의 연구에 의하면 수면시간이 짧은 사람은 충분한 수면을 취한 사람에 비해 특정한 일이나 사물에 집착하는 증상을 보이는 경우가 많은 것으로 조사됐다. 적당한 수면 시간에 대해서는 의견이 분분하지만 사람마다 조금씩 차이가 있다. 아침에 일어났을 때 '잘 잤다'는 느낌이 들 정도, 낮 시간에 졸리지 않을 정도로 자는 것이 자신에게 가장 알맞은 수면 시간이다.

22. 비타민을 충분히 섭취하라

복합비타민제를 매일 복용하면 심상병 발병 위험이 줄어들고 결장암의 경우 발병 위험을 85%까지 줄일 수 있다. 또 치매 예방에도 효과가 있다. 특히 임신한 여성이 비타민 B 복합체인 엽산을 충분히 섭취할 경우, 임신 중독이나 출산시 발생할 수 있는 각종 위험을 크게 줄일 수 있다. 그러나 전립선암 환자라면 과도한 비타민 섭취가 오히려 해로울 수 있으므로 유의하는 것이 좋다.

23. 피부관리에 신경 써라

강한 햇빛이나 차가운 공기에 피부를 무방비로 노출시키는 것은 각종 질병의 원인이 된다. 피부가 건조해지는 것 역시 피부 질환의 원인이 된다. 이를 막기 위해 자외선 차단제나 보습제를 사용, 피부를 보호하는 것이 좋다.

24. 치아 건강에 유의하라

입 속 박테리아나 치석 제거를 통해 잇몸 질환을 예방해야 한다. 사과나 오렌지, 당근 등 섬유질이 풍부한 과일이나 야채를 씹어 먹으면 얼룩을 형성하는 입 속 박테리아를 예방해 치아를 하얗게 유지할 수 있다. 스낵이나 당분 함량이 높은 채소는 충치의 원인이 될 수 있으므로 가능하면 섭취를 줄이는 것이 좋다.

25. 배우자를 신중히 선택하라

50대 남성을 대상으로 한 조사 결과를 보면 아내가 건강하지 않은 사람은 아내가 건강한 사람에 비해 건강에 이상이 있을 가능성이 6배나 높은 것으로 나타났다. 배우자의 건강이 곧 나의 건강임을 인식해야 한다.

26. 물을 많이 마셔라

하루에 물을 6잔 이상 마시는 사람은 2잔 이하의 물을 마시는 사람에 비해 결장암에 걸릴 위험이 절반으로 줄어든다는 연구 결과가 있다. 성인 남성의 경우 하루 2.9리터(약 12잔), 여성은 2.2리터의 수분을 섭취해야 한다. 소변이 지나치게 노란색을 띨 경우, 물을 많이 마셔야 한다.

27. 침대 사용에 주의하라

침대를 사용하는 사람 중에 요통을 호소하는 사람이 많다. 침대에 누워 지내는 시간을 가능한 줄이고 운동을 꾸준히 해야 요통을 막을 수 있다.

28. 셀레늄(Selenium)을 많이 섭취하라

무기물의 일종인 셀레늄을 많이 섭취하는 것이 좋다. 갈치, 연어, 참치, 굴, 새우 등에 많이 들어 있는 셀레늄은 노화방지 물질로 항암 효과도 있는 것으로 알려져 있다. 참고로 셀레늄은 브라질너트에 가장 많이 있다.

29. 친구와 많은 시간을 보내라

65세 이상 노인의 경우, 친구들과 이야기를 많이 하거나 사회 활동을 함께 할 경우에 치매에 걸릴 위험이 크게 줄어든다.

30. 직업을 바꿔라

이 모든 것 이외에 직업을 한 번 바꿔 보는 것도 좋겠다. 지금 하고 있는 일에 흥미를 느끼지 못하거나 스트레스가 심하다면 좀 더 활동적인 일을 찾아 보는 것도 좋다.

※ 2003.01.02 (자료 출처: 미국 버클리대학)
인디펜던스 지에 실린 내용 전문 : 셀레늄 함량이 높은 식품 – 브라질 너트, 참치 캔, 가자미, 새우, 칠면조 고기, 닭고기, 쌀밥, 계란, 저지방우유(셀레늄 함량이 높은 순입니다.)

세계 커피학교에 관한 정리

Associations and organization		
ico.org	ICO	International coffee organization
ncausa.org	NCA	National coffee Association
green-coffee-assoc.org	GCA	Green coffee association
scaa.org	SCAA	Specialty coffee association of America
ecf-coffee.org	ECF	European coffee Federation
scac.com	SCAE	Specialty coffee Association of Europe
oiac-iaco.org	IACO	Interafrican coffee organization
eafca.org	EAFCA	Eastern African fine coffees association
nsca.com.br	BSCA	Brazil specialty coffee association
fao.org	FAO	Food and agriculture organization of the united nations
common-fund.org	CFC	Common Fund for Commodities
worldbank.org	WB	World bank
wto.org	WTO	World Trade Organization.
imo.org	IMO	International Maritime Organization
intraven.org	ITC	International Trade Centre UNCTAD/WTO
Trading and prices		
nybot.com	NYBOT	New York Board of Trade
liffe.com	LIFFE	London international financial futures and options exchange
bmf.com.br	BM&F	Bolsa de Mercadoias & Futures (Brazilian mercantile & futures exchange)
cofei.com	COFEI	Coffee Futures Exchange India ltd
tge.or.jp	TGE	Tokyo Grain Exchange
iccwbo.org	ICC	International Chamber of Commerce; Incoterms
cftc.gov	CFTC	Commodity Futures Trading Commission
bolero.net		Bolero international(e-commerce)
intercommerical.com		Inter Commercial Markets Corp.(e-commerce)
Identrus		Identrus(e-commerce)
coffee-exchange.com		Coffeetrading & information services
futures.tradingcharts.com	TFC	International trading.com. inc
coffeenetwork.com		Coffeenetwork
Research and pest/disease management		
cabi.org	CABI	CAB International
fao.org	FAO	Food and Agriculture Organization
pestmanagement.co.uk	IPMRC	Integrated Pest Management Resource Centre

codexalimentarius.net		FAQ/WHO Codex Alimentarius Commission
cirad.fr	CIRAD	Centre de cooperation internationale en recherché agronomique pour le developpement
catie.ac.cr	CATIE	Centro Agronomico Tropical de Investigacion y Ensenanza-Tropical Agricultural Research and Higher Education Center
coffeeresearch.org		Coffee Research Institute
csic-café.org	ASIC	Association scientifique internationale du café
coffeeinstitute.org	CQI	Coffee Quality Institute
Sustainability and environment		
ifoam.org	IFOAM	International Federation of Arganic Agriculture Movements
fair-trade.net	FLO	Fairtrade Labelling Oranizations International
maxhavelaar.org		Max Havelaar Foundation(fair trade)
transfairusa.org		TransFair USA(fair trade)
rainforest-alliance.org		The Rainforest Alliance
ioia.net	IOIA	Independent organic Inspectors Association
natzoo.si.edu.smbc		Smithsonian Migratory Bird Center
technoserve.org		TechnoServe
coffeekids.org		Coffee Kids
utzkapeh.org		Utz Kapeh
gtz.de	GTZ	Deutsche Gesellschaft fur Technische Zusammenarbeit(GTZ) GmbH
Health		
cosic.org	CoSIC	Coffee Science Information Centre
mc.vanderbilt.edu/coffee	ICS	Institute for Coffee Studies, Vanderbilt University Medical Center
coffeescience.org	CSS	Coffee Science Source
codexalimentarius.net		FAO/WHO Codex Alimentarius Commission
fda.gov	FDA	United States Food and Drug Administration
Other useful Information		
p-maps.org	ITC	ITC's Coffee Product Map
fas.usda.gov	USDA	United States Department of agriculture, Foreign Agricultural Service
europa.eu.int	EU	The European Union
iso.org	ISO	International Organization for Standardization
supremo.be		Coffee Origins' Encyclopedia
jobin.fr		P.Jobin & Cie
tis-gdv.de	TIS-GDV	Transport Information Service, German Insurance Association
inttra.com	INTTRA	INTTRA(ocean freight services)
xrefer.com		Xrefer (reference library)
dmgworldmedia.com		Coffee & Cocoa International(Magazine)

커피인이라면 가봐야 할 인터넷 사이트

사이트	전화번호	주 소
www.gravityespresso.com.au	61 3 9428 3226	
www.beanalliance.com.au	61 3 9474 5555	25 Kumai Avenue Reservoir Victoria 3073 Australia
www.tropicalstar.com.au	T 03 9474 5511 F 03 9474 5515	25 KURNAI AVE, RESERVOIR, VICTORIA 3073
www.blenz.com/	T 604 682 2995 F 604 684 2542	Suite 300 - 535 Thurlow Street Vancouver, British Columbia, Canada - V6E 3L2
www.caffedarte.com/	T 206 764 4381 800 999 5334	719 S.Myrtle Street Seattle, WA 98108
www.coffeegeek.com/	1 800 332 9477	
www.sacoffeeacademy.com.au	T 61 8 8231 7444 F 61 8 8231 7433	Level 1, 96 Gawler Place Adelaide S.A. 5000
www.tafestudy.info/sca/	T 61 2 9448 6140	Northern Sydney Institute, Ryde College 250 Blaxland Road, Ryde NSW 2112
www.canadianbaristaacademy.com	T 416 784 5210 F 416 784 5243	P.O.Box 54535, 1771 Avenue Rd Toronto ON M5M 4N5 Canada
www.espresso101.com/contact	800 655 3955 503 232 2222	1028 SE Water Avenue, Suite 275 Portland, Oregon 97214
www.coffeeschool.org/	800 655 3955 503 232 2222	1028 SE Water Avenue, Suite 275 Portland, Oregon 97214
www.coffeeschool.com.au/index.htm	T 02 9552 6771 M 0425 366 589 0416 073 071	113 Arundel St Glebe NSW 2037 Australia
www.bestcoffeeschool.com/	T 541 344 8690 F 541 344 8992	3815 W. 11th Suite #100
www.perfectgiftcertificates.com.au	T 61 2 9211 6088 F 61 2 9211 4988	Suite 453 Regis Towers 311 Castlereagh Street Sydney, 2000 NSW, Australia
www.cafemakers.com/	+1 (808) 443-0290 +1 (310) 980-0418